SOS-KINDERDORFMÜTTER

Kinderspiele aus aller Welt

FALKEN

Inhalt

Vorwort

Viele unglückliche, gekränkte und vernachlässigte Kinder finden in aller Welt Zuflucht in unseren SOS-Kinderdörfern. Sie lachen nicht, sie reden kaum, sie singen nicht.

Aber dann kann man immer wieder erleben, daß eines von ihnen ganz plötzlich – erst zögernd und dann immer beherzter – an den Spielen der anderen teilnimmt.

Das ist für die SOS-Kinderdorf-Mütter ein beglückendes Zeichen für den Anfang der Genesung der ihrer Obhut anvertrauten Kinder.

„Stellen Sie sich vor", sagte mir neulich eine Mutter und strahlte dabei über das ganze Gesicht, „welch eine Freude für uns alle, mein Kind hat heute zu spielen begonnen." Das ist die Nachricht, die auch mein Herz höher schlagen läßt.

Was liegt also näher, als mich für ein Buch über Kinderspiele in aller Welt zu engagieren, zumal es zum „Jahr der Familie" 1994 erscheint. Das Buch über Spiele in den SOS-Kinderdörfern ist ein Buch über die vielen kleinen Freuden, die sich überall dort ereignen, wo die Freunde unseres großen Werkes hilfreich tätig sind. Es möge dem Buch gelingen, Freude zu verbreiten, indem wir die Spiele anderer kennen, schätzen und lieben lernen.

Helmut Kutin
Präsident von
SOS-KINDERDORF
INTERNATIONAL

Die Beispielfotos aus Asien, Afrika, Südamerika und aus Europa zeigen, daß SOS-KINDERDORF INTERNATIONAL sehr viel Wert darauf legt, die Architektur ihrer Dörfer der landestypischen anzupassen.

Alle Kinder malen gern! Diese kleine Auswahl der Bilder macht sicherlich allen großen und kleinen Leserinnen und Lesern viel Spaß. Grußworte einiger „Freunde der SOS-Kinderdorf-Bewegung stehen auf Seite 13.

SOS-Kinderdorf Panama City, Panama

SOS-Kinderdorf Leh-Ledakh, Indien

SOS-Kinderdorf Assomada, Kap Verden

SOS-Kinderdorf Tanta, Ägypten

- Aicha
- Age: 7 ans
- Dessin: Mosquée à Tunis

SOS-Kinderdorf Imst, Österreich
„Haus Frieden“ (rechts) war das erste SOS-Familienhaus (1949)

Grußworte

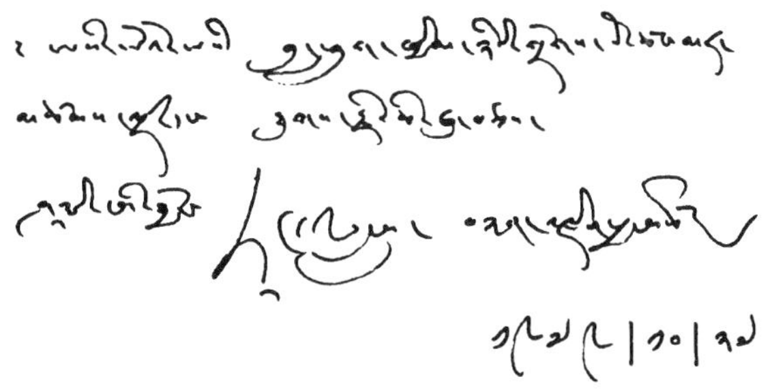

Grüße und Dank allen Freunden der SOS-Kinderdörfer

Der Dalai Lama

Meine allerherzlichsten Grüße gehen an alle SOS-Kinderdörfer in der ganzen Welt

HERBERT VON KARAJAN

Herbert von Karajan

"O esporte permite sonhar e equlibrar as oportunidades entre todas as crianças. É um raro momento em que todos somos iguas."

„Der Sport erlaubt es uns, zu träumen und ein Gleichgewicht der Möglichkeiten unter allen Kindern herzustellen. Dies ist ein seltener Augenblick, in dem wir alle gleich sind."

Pélé

"All children have got the right to be children. To play is a source of happiness to them and thus of vital importance. To play develops also the childrens feelings for community and solidarity."

Princess of Sweden

„Alle Kinder haben ein Anrecht darauf, Kinder zu sein. Spiele stellen für sie eine Quelle des Glücks und der Freude dar und sind daher von essentieller Bedeutung. Wenn Kinder spielen, dient dies der Entwicklung ihres Gemeinschafts- und Zusammengehörigkeitsgefühls."

LILIAN

Prinzessin von Schweden

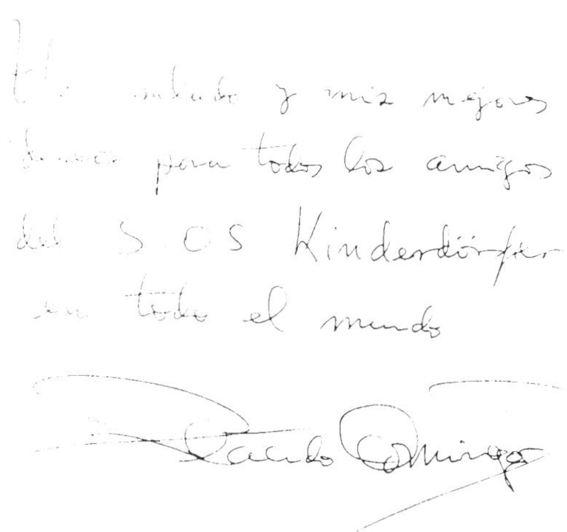

Grüße und meine besten Wünsche für alle Freunde der SOS-Kinderdörfer in aller Welt.

Placido Domingo

Der gordische Knoten

SOS Kinderdorf Calbayog

Der gordische Knoten

Herkunftsland:
Philippinen

Teilnehmer:
ab 8 Spieler

Alter:
ab 10 Jahre

Material:
keins

Ort:
drinnen oder draußen

Als erstes bilden wir einen großen Kreis, ohne einander anzufassen. Danach schließen wir die Augen und gehen mit ausgestreckten Armen langsam auf die Kreismitte zu. Wenn ein Spieler die Hand eines anderen berührt, halten sie einander fest, suchen weitere Kinder und lassen sich nicht wieder los. Schließlich halten wir alle einander an den Händen.

Jetzt öffnen wir wieder die Augen und stellen erstaunt fest, daß unsere Hände und Arme zu einem riesigen Knoten verschlungen sind. Er scheint ebenso unentwirrbar zu sein, wie der berühmte „Gordische Knoten“, den Alexander der Große im Jahr 333 v. Chr. kurzerhand mit seinem Schwert durchschlug, um ihn zu lösen.

So gewaltsam machen wir es jedoch nicht, sondern wir versuchen vielmehr, das Hand- und Armknäuel behutsam zu entknoten. Dazu dürfen wir auch übereinandersteigen und uns drehen und verrenken, wie wir wollen, aber es ist auf keinen Fall erlaubt, die Hände der anderen Mitspieler loszulassen.

Das Resultat ist verblüffend. Mit ein wenig Geduld kann der Knoten nämlich tatsächlich gelöst werden, und am Schluß stehen wir alle wieder in einem Kreis und halten einander immer noch an den Händen!

Bei sehr großen Gruppen kann es vorkommen, daß am Schluß zwei ineinander verschlungene Kreise entstehen.

Zerbrich den Krug

SOS Kinderdorf Piliyandala

Dieses Spiel wird bei uns in Sri Lanka gern bei feierlichen Anlässen wie dem traditionellen Neujahrsfest gespielt.
Wir hängen drei mit wassergefüllte Krüge mit Schnüren an ein starkes Seil, das in circa zwei Metern Höhe zwischen zwei stabilen Holzpfosten aufgespannt ist.
Dem Spieler, der jeweils an der Reihe ist, verbinden wir mit dem Tuch die Augen und drehen ihn mehrere Male um die eigene Achse. Dann geben wir ihm den Stock in eine Hand. Nun muß er versuchen, innerhalb einer vorgegebenen Zeit einen der Krüge zu treffen und zu zerschlagen – was sich viel leichter anhört, als es nach dem mehrmaligen Herumdrehen ist.

Ihr müßt die Krüge natürlich nicht so wie wir an ein Seil hängen, sondern ihr könnt natürlich auch eine Teppichstange, den runden Sitzbalken einer Schaukel oder einen ausladenden Ast benützen.

Spielregeln aus anderen Ländern

Und um das Ganze noch spannender zu machen, bietet es sich an, die Krüge anstatt mit Wasser für jeden Spieler mit etwas anderem zu füllen, wie man dies in den Ländern Mittel- und Südamerikas tut. Dort gibt man gelegentlich Bonbons und anderes Naschwerk hinein, ein anderes Mal wieder gar nichts oder aber Frösche.
Für einen heißen Sommertag bietet es sich an, Luftballons mit Wasser zu füllen und an einer Schnur aufzuhängen. Dann versucht ihr, sie zum Beispiel mit einem Skistock zum Platzen zu bringen. Dann sollte jedoch stets ein Erwachsener anwesend sein, der darauf aufpaßt, daß ihr euch nicht verletzt.

Zerbrich den Krug

Herkunftsland:
Sri Lanka

Teilnehmer:
jeweils 1

Alter:
ab 10 Jahre

Material:
- **3 irdene, mit Wasser gefüllte Krüge**
- **Stock, etwa 1 m lang**
- **starkes Seil**
- **3 Schnüre**
- **Tuch**

Ort:
draußen

Beschuhte Stühle

SOS Kinderdorf Penonomé

Beschuhte Stühle

Herkunftsland:
Panama

Teilnehmer:
- ab 8 Spieler
- Spielleiter

Alter:
ab 8 Jahre

Material:
- 2 Stühle
- Tuch
- 5 oder 6 Schuhe

Ort:
drinnen

Bei diesem Spiel treten jeweils zwei Kinder gegeneinander an, und wir anderen setzen uns im Kreis auf den Boden. In unserer Mitte stellt der Spielleiter zwei Stühle einander gegenüber auf, und die Spieler nehmen Platz. Der Spielleiter verbindet beiden die Augen und verteilt die Schuhe beliebig in der Kreismitte.
Auf ein Startzeichen beginnen die beiden Kinder, innerhalb des Kreises herumzukrabbeln und nach den Schuhen zu suchen. Sobald ein Spieler einen findet, versucht er, ihn einem Stuhlbein „anzuziehen". Gewonnen hat derjenige, der es schafft, sich als erster auf einen Stuhl zu setzen, dessen vier Beine beschuht sind.

Spielregeln aus Tunesien
Wir Kinder in Tunesien nennen unser Spiel „Das Pferd mit den Eisenhufen" und nehmen statt Schuhen kleine Schüsseln. Und damit die beiden Spieler gleich große Chancen haben, verteilen wir acht Schüsseln in der Kreismitte. Ansonsten gelten dieselben Regeln wie bei den Kindern in Panama.
Anstelle von Schuhen oder Schüsseln läßt sich selbstverständlich auch etwas anderes nehmen, wie zum Beispiel ausgeleerte Blumentöpfe aus Kunststoff oder Joghurtbecher. Am allerlustigsten sieht es aus, wenn ihr den Stühlen eure Gummistiefel anzieht.

Blindenslalom

SOS Kinderdorf Doubi

Wir bilden zwei Mannschaften aus je einem Läufer und einem Lotsen. Wir stecken zwei gleich lange und gleich schwere Hindernis- beziehungsweise Slalomkurse ab. Bei nur einer Slalomstrecke starten die Gruppen nacheinander, und die Zeiten werden gestoppt. Dann verbinden wir den beiden Läufern mit den Tüchern die Augen, und auf das Kommando des Spielleiters geht das Rennen los.
Die Läufer versuchen nun, die vorgegebene Strecke schnellstmöglich zu bewältigen. Die Lotsen sagen ihnen, in welche Richtung sie sich wenden müssen und wie sie die auf ihrem Weg liegenden Hindernisse am besten meistern. Gewinner ist diejenige Mannschaft, die zuerst am Ziel ist.

Spielregeln von den Philippinen

Eine Gruppe von mindestens acht Kindern gestaltet ihren „Blindenslalom“ am besten so, wie es die Kinder auf den Philippinen tun: Jede Mannschaft besteht aus einem Lotsen und mindestens aus drei Läufern mit verbundenen Augen.
Zwei Läufer stehen an der Startlinie hintereinander. Das hintere Kind legt dem vorderen die Hände auf die Schultern. Der Lotse hat nun die Aufgabe, diesen Zweierverband zum Wendepunkt zu dirigieren, den dort wartenden dritten Spieler „anzukoppeln“ und dann die so entstandene Dreiergruppe zurück zum Start zu leiten. Natürlich können die Mannschaften beliebig vergrößert werden.

Blindenslalom

Herkunftsland:
Tschechien

Teilnehmer:
ab 4 Spieler

Alter:
ab 10 Jahre

Material:
- **Naturmaterialien**
- **2 Tücher**
- **Stoppuhr**

Ort:
draußen

Stehball

SOS Kinderdorf Chiclayo

Stehball

Herkunftsland:
Peru

Teilnehmer:
7 bis 11 Spieler

Alter:
ab 6 Jahre

Material:
1 Ball

Ort:
Turnhalle oder draußen

Wir bilden einen Kreis um ein Kind herum, das den Ball in beiden Händen hält. Jetzt wirft es den Ball, so hoch es kann, in die Luft, läuft fort und ruft dabei den Namen eines Mitspielers. Nun rennen auch die anderen Teilnehmer los, bis auf das Kind, dessen Namen genannt wurde. Dieses fängt den Ball und ruft laut „stopp". Daraufhin müssen die anderen Kinder stehenbleiben. Das Kind, das nun den Ball hat, geht drei Schritte auf den am nächsten stehenden Spieler zu und versucht, ihn abzuwerfen. Gelingt ihm dies, so darf es in der nächsten Runde in der Kreismitte sein, den Ball in die Luft werfen und einen Namen nennen. Hat es den Spieler mit dem Ball verfehlt, dann kommt dieser als Werfer an die Reihe.

Stehball wird in **Deutschland** so gespielt: Das Kind in der Mitte wirft den Ball hoch und muß ihn selbst wieder auffangen, während wir anderen Teilnehmer davonlaufen.

Hält es ihn wieder in den Händen, so erteilt es uns den Befehl stehenzubleiben. Dann wirft das Kind von seinem Platz aus auf einen von uns. Wer getroffen wird, der ist der nächste Werfer. War es ein Fehlwurf, so muß das erste Kind nochmals in den Kreis gehen.

Tunnelball

SOS Kinderdorf Freetown

Je nachdem wie viele Kinder wir sind, bilden wir zwei oder mehrere gleich große Mannschaften, die sich hinter einer Ziellinie mit gegrätschten Beinen in einer Reihe aufstellen. Das vordere Kind jeder Gruppe erhält einen Ball. Auf das Startzeichen des Spielleiters hin beugt es den Rumpf nach vorn und gibt den Ball durch seine Beine an den zweiten Spieler weiter. Dieser wiederum reicht ihn dem dritten Kind. Das wird so lange fortgeführt, bis der Ball beim letzten Spieler angekommen ist. Sobald dieser ihn in den Händen hält, läuft er an die Spitze seiner Gruppe und gibt ihn durch seine gegrätschten Beine an das Kind weiter, das hinter ihm steht.

Der Spielverlauf wird so oft wiederholt, bis sich das Kind, das mit dem Weiterreichen des Balles begonnen hat, wieder an seiner Anfangsposition befindet. Gewinner ist diejenige der beiden Mannschaften, der das als erste gelingt.

Zwei Regeln müssen die Kinder bei diesem Spiel unbedingt einhalten:

1. Der Ball darf nicht geworfen, sondern die Spieler müssen den Ball weiterreichen.

2. Wenn ein Spieler den Ball fallen oder wegrollen läßt, muß er ihn zurückholen und darf ihn erst dann an den Hintermann weitergeben, wenn dieser wieder an seinem Platz in der Reihe steht.

Tunnelball

Herkunftsland:
Sierra Leone

Teilnehmer:
- **ab 2 gleich große Mannschaften à etwa 10 Spieler**
- **Spielleiter**

Alter:
6 bis 8 Jahre

Material:
mindestens 2 gleich große, gleich schwere Bälle

Ort:
Turnhalle oder draußen

Völkerball

SOS Kinderdorf Coconut Tree

Völkerball

Herkunftsland:
Florida, USA

Teilnehmer:
• 2 gleich große Mannschaften,
• Spielleiter

Alter:
8 bis 12

Material:
• 1 luftgefüllter Gummiball (Volleyball)
• Teamkennzeichen

Ort:
Turnhalle oder draußen

Wir teilen das Spielfeld durch eine Mittellinie in zwei Hälften von jeweils etwa zehn mal fünfzehn Metern. Die beiden Mannschaften stellen sich einander gegenüber auf. Dann rollt der Spielleiter den Ball entlang der Mittellinie hinab, und das Kind, dem es als erstes gelingt, diesen an sich zu nehmen, darf beginnen.
Der Grundgedanke des Spiels besteht darin, die Teilnehmer der gegnerischen Mannschaft durch gezielte Würfe auf die Beine abzuwerfen. Jedes Kind, das getroffen wird oder die Mittellinie überschreitet, muß das Spielfeld verlassen und bis zum Schluß draußen bleiben. Gewinner ist diejenige Mannschaft, die nach einer vereinbarten Zeit, zum Beispiel nach fünf Minuten, die meisten Spieler übrig hat.

Spielregeln aus andern Ländern

Wir Kinder in **Deutschland** dürfen auf fast alle Körperpartien zielen, aber nicht auf den Kopf.
Wer es schafft, den Ball zu fangen, ohne ihn auf den Boden fallen zu lassen, gilt nicht als getroffen und darf dann seinerseits auf die gegnerische Mannschaft werfen. Wer getroffen wird, wechselt zur Gegenseite über. Gespielt wird so lange, bis es am Schluß nur noch ein Team gibt.
In **Italien** wird Völkerball so gespielt: Spieler, die getroffen werden, ohne daß sie den Ball festhalten, wechseln nicht als Mitglieder, sondern als Gefangene zur Gegenseite über. Sobald es ihnen gelingt, einen Ball zu fangen, den ein Spieler ihres Teams geworfen hat, dürfen sie zu diesem zurückkehren und weiterspielen. Wer alle Kinder der Gegenseite gefangen hat, ist Sieger.
Übrigens: Die Mannschaften sollten sich deutlich voneinander unterscheiden! Eine trägt zum Beispiel blaue Armbinden, die andere rote.
In **Frankreich** mischen sich gefangene Kinder nicht unter die gegnerische Mannschaft, sondern sie gehen hinter deren Spielfeldhälfte, und dort lauern sie darauf, den Ball zu erwischen. Wer das schafft, der darf zu seinem Team zurückkehren.

Neckball

SOS Kinderdorf Asunción

Bei uns in Paraguay wird dieses Ballspiel auch oft „Hündchen im Stall“ genannt.

Ein Kind steht in der Mitte und ist der „Yagua'i“ – eben das Hündchen im Stall. Es versucht den Ball zu fangen, den sich die anderen über seinen Kopf hinweg zuwerfen. Gelingt ihm das, so wird der Spieler, der es ihm ermöglicht hat, den Ball zu fangen, der neue „Yagua'i“ .

Anstatt den Ball aber nur hin und her zu werfen, können wir natürlich auch versuchen, den „Yagua'i“ mit gezielten Würfen zu treffen und damit „abzuwerfen“. Das „Hündchen“ versucht seinerseits alles, um es nicht so weit kommen zu lassen, und weicht dem Ball aus.

Ob sich das Kind in der Mitte vom Fleck bewegen darf oder nicht, hängt ganz von Lust und Laune der Spieler ab. Eine Regelung zu treffen, wer sich bewegen darf und wer nicht, empfiehlt sich aber besonders, wenn der Altersunterschied groß ist. Dann können die Großen den Kleinen schon einmal die Freude machen, daß sie deren Würfen lediglich dadurch ausweichen, daß sie sich ducken und verrenken. Den Kleinen hingegen wird es schon erlaubt, sich von der Stelle wegzubewegen und notfalls sogar einen Hechtsprung zur Seite zu machen, um nicht vom Ball getroffen zu werden.

Neckball

Herkunftsland:
Paraguay

Teilnehmer:
ab 3 Spieler

Alter:
ab 5 Jahre

Material:
kleiner oder mittelgroßer Ball

Ort:
draußen

Befehlball

SOS Kinderdorf Rom

Befehlball

Herkunftsland:
Italien

Teilnehmer:
2 oder mehr Spieler

Alter:
ab 6 Jahre

Material:
mittelgroßer Ball

Ort:
draußen

Befehlball wird bei uns in Italien insbesondere von Mädchen gespielt, was aber keineswegs heißen soll, daß es nicht auch für Jungen eine Herausforderung ist. Denn so leicht unsere „italienische Fangschule" auf den ersten Blick auch erscheinen mag – sie hat es ganz schön in sich! Das erkennt man, wenn man die Regeln erst einmal ganz genau gelesen hat. Und so lauten sie:

Wir werfen einen mittelgroßen Ball gegen eine hohe fensterlose (!) Haus- oder Hallenwand und fangen ihn wieder auf. Dabei müssen wir die folgenden Bedingungen in ihrer Reihenfolge einhalten, und wer das nicht tut oder den Ball versehentlich auf den Boden fallen läßt, scheidet aus. Dann kommt der nächste Spieler an die Reihe.

Die 13 Spielregeln:

1. Den Ball werfen und ihn mit beiden Händen wieder auffangen.

2. Den Ball werfen und fangen, ohne dabei einen Schritt zu machen.

3. Den Ball werfen und fangen, ohne dabei zu lachen.

4. Den Ball werfen und auf einem Fuß stehend fangen.

5. Den Ball werfen und lediglich mit einer Hand fangen.

6. Den Ball werfen und zweimal in die Hände klatschen, ehe man ihn fängt.

7. Den Ball werfen und – bevor man ihn fängt – je einmal vor der Brust und hinter dem Rücken in die Hände klatschen.

8. Den Ball werfen und – bevor man ihn fängt – die Unterarme einmal umeinander drehen.

9. Den Ball werfen und – bevor man ihn fängt – eine Kußhand austeilen.
10. Den Ball werfen und – bevor man ihn fängt – mit der rechten Hand den Boden berühren.
11. Den Ball werfen und – bevor man ihn fängt – sich mit der rechten Hand an die Brust schlagen.
12. Den Ball werfen und – bevor man ihn fängt – die Arme einmal vor der Brust verschränken.
13. Den Ball werfen und – bevor man ihn fängt – sich einmal um die eigene Achse drehen.

Wenn wir diese 13 Fangfolgen einmal hintereinander geschafft haben, ist die erste Runde beendet, und wir beginnen nun in der zweiten Runde das Ganze von vorn. Das Vertrackte dabei ist, daß ab jetzt die einzelnen Regeln nicht mehr nur für den jeweiligen Wurf gelten, sondern ab jetzt jede Runde eine Haupt- und zwölf Unterregeln hat, die alle eingehalten werden müssen. Das heißt: Ab dem zweiten Wurf – das ist der Beginn der zweiten Runde – dürfen wir keinen Schritt in irgendeine Richtung machen, bis wir wieder beim dritten Wurf angelangt sind. Jetzt beginnt die dritte Runde. In dieser dürfen wir zuzüglich zu den anderen zwölf Regeln nicht lachen. Wenn wir wieder den vierten Wurf erreicht haben – also die vierte Runde anfängt –, müssen wir die ganze Zeit über auf einem Bein stehen und all die anderen Regeln befolgen und so weiter und so weiter.
Für unsere kleine „Fangschule“ muß man ganz schön geschickt sein.

Turmball

SOS Kinderdorf Nairobi

Turmball

Herkunftsland:
Kenia

Teilnehmer:
• 3 Spieler oder zwei gleich große Mannschaften
• Spielleiter

Alter:
10 bis 15 Jahre

Material:
• 7 verschieden große flache Steine (Holzscheiben)
• kleiner Ball

Ort:
draußen

Um Turmball zu spielen, benötigen wir entweder drei Teilnehmer oder zwei gleich große Mannschaften.
Wenn man es so wie bei uns in Kenia zu dritt spielt, lauten die Regeln wie folgt: Zwei Spieler – die Ballwerfer – stellen sich im Abstand von acht bis zwölf Metern einander gegenüber auf, und der dritte – der Turmbauer – begibt sich mit seinem „Baumaterial" in ihre Mitte.

Auf das Zeichen des Spielleiters hin beginnt das Kind in der Mitte damit, seine Steine (Holzscheiben) so aufeinanderzuschichten, daß daraus ein Turm entsteht, der sich nach oben verjüngt. Gleichzeitig muß es jedoch ständig ein Auge auf die beiden anderen Spieler haben und dem Ball ausweichen, mit dem diese versuchen, es abzuwerfen.
Wenn es einem der Werfer gelingt, das Kind in der Mitte zu treffen, ehe es seinen Turm fertiggebaut hat, darf er dessen Platz einnehmen und nun seinerseits sein Glück als Baumeister versuchen.
Schafft das Kind es, seinen Turm zu errichten, ohne dabei vom Ball getroffen zu werden, erhält es einen Punkt und bleibt an seinem Platz.
Sieger ist dasjenige Kind, das nach einer vorher festgesetzten Anzahl von Durchgängen die meisten Punkte gesammelt hat.

Spielregeln aus anderen Ländern

Wenn zehn oder mehr Teilnehmer Turmball spielen, bietet es sich an, zwei gleich große Mannschaften zu bilden, wie es die Kinder in **Israel** oder in **Griechenland** tun.
Nachdem ausgelost worden ist, welches Team den Ball und welches die Steine (Holzscheiben) erhält, schichtet die Mannschaft A diese zu einem

Turm auf. Auf das Zeichen des Spielleiters hin versucht ein Spieler von Mannschaft B – also den Werfern –, den Turm mit einem Treffer zum Einsturz zu bringen. Schafft er das nicht, werden die Rollen getauscht, und Mannschaft A darf einen Werfer stellen. Gelingt es Mannschaft B jedoch, so bleibt sie weiter an der Reihe, und es kommt viel Bewegung ins Spiel: Während die Turmbauer nun damit beginnen werden, ihr zerstörtes Bauwerk wieder zu errichten, hetzen die Werfer sie kreuz und quer über das Spielfeld und machen mit dem Ball Jagd auf sie.

Wer abgeworfen wird, scheidet aus. Ziel der Werfer ist es, alle Turmbauer zu treffen und dadurch einen Punkt einzuheimsen.

Gelingt es einem oder mehreren der Turmbauer, alle sieben Steine (oder Holzscheiben) richtig übereinanderzuschichten, ehe alle Spieler abgeworfen sind, geht der Punkt an dieses Team.

Dann beginnt die zweite Runde. Grundsätzlich ist immer die Siegermannschaft diejenige, die sich zuerst als Werfer versuchen darf.

Zitterball

u.a. SOS Kinderdorf Busigny

Zitterball

Herkunftsland:
Frankreich

Teilnehmer:
3-5 Spieler

Alter:
ab 8 Jahre

Material:
- **quadratisches Stück stabiler Karton, etwa 80 x 80 cm**
- **dicke Nadel**
- **Bastelmesser**
- **2 Jokari-Gummibänder**
- **4 kleine Holzpflöcke**
- **Stock, etwa 0,60 m lang**
- **Schnur, etwa 1,5 m lang**
- **kleiner weicher Ball**

Ort:
Garten

Für dieses Spiel brauchen wir einen Garten oder einen anderen Platz, an dem wir Holzpflöcke in den Boden schlagen können.

Als erstes schneiden wir aus der Kartonmitte ein Loch heraus, das nur wenig größer ist als der Ball, und bohren dann in jede Ecke mit der dicken Nadel ein Loch.

Anschließend wird der Karton etwa 10 Zentimeter über dem Boden befestigt. Dazu halbieren wir die beiden Jokari-Gummibänder, so daß vier gleich lange entstehen, fädeln jeweils das eine Ende durch die Löcher im Karton und verknoten diese Enden. Die anderen befestigen wir an den Holzpflöcken.

Nun spannen wir unsere vier Gummibänder so weit es geht und schlagen die Pflöcke in die Erde. Der Karton hängt dann „zitternd“ über dem Boden.

Jetzt dauert es nicht mehr lange, und das Spiel kann beginnen. Wir binden nur noch das eine Ende der Schnur am Stock und das andere am Ball fest. Der Stock sieht nun fast so aus wie eine Angel.

Der Spieler, der an der Reihe ist, steht einen großen Schritt vom Karton entfernt und versucht, den Ball durch das Loch in der Mitte zu balancieren. Das ist gar nicht so einfach, weil das Loch sehr klein ist und der Karton zittert – daher der Name Zitterball.

Pro Runde hat jeder Spieler drei Versuche. Gewonnen hat derjenige, der es als erster geschafft hat, den Ball fünfmal durch das Loch zu bringen.

Schlingenball

SOS Kinderdorf Chvalcov

Bei diesem Spiel treten immer zwei Spieler, die Wächter, gegen einen dritten Teilnehmer, das ist der Dieb, an.
Wir legen einen kleinen Ball auf eine Unterlage, wie etwa auf einen Schemel, auf einen umgedrehten Eimer oder auf eine Kiste. Dann stellen sich die beiden Wächter – einer links und einer rechts – neben die Kiste und halten die Schnur so mit den Händen, daß sich die Schlinge direkt vor dem Ball befindet.
Auf das Zeichen des Spielleiters hin kniet sich der Dieb zwischen den beiden Wächtern auf den Boden und versucht, den Ball zu stehlen, indem er mit der Hand durch die Schlinge greift.
Wenn der Dieb erfolgreich ist, bekommt er einen Punkt und darf den nächsten von insgesamt fünf Versuchen wagen.
Dabei kommt es darauf an, das der Dieb die Wächter durch geschickte Täuschungsmanöver wie ruckartige Handbewegungen zum vorschnellen Zuziehen der Schlinge verleitet und sich den Ball dann in aller Seelenruhe stibitzt. Lassen sich die Wächter aber nicht bluffen und halten die Hand des Diebes mit ihrer Schnur gefangen, so bekommen sie einen Punkt gutgeschrieben, und der nächste Dieb ist an der Reihe.
Die Runde wird so lange fortgeführt, bis alle Kinder einmal als Dieb an der Reihe waren. Für die nächsten Runden werden immer zwei neue Wächter ernannt. Wenn wir alle die Rolle einmal übernommen haben, wird das Paar ermittelt, das am Schluß die meisten Punkte gesammelt hat. Und natürlich rechnen wir auch aus, wer der erfolgreichste Dieb war.

Schlingenball

Herkunftsland:
Tschechien

Teilnehmer:
- **14 Spieler**
- **Spielleiter**

Alter:
ab 6 Jahre

Material:
- **kleiner Ball**
- **Schemel (Eimer)**
- **Schnur, etwa 1, 5 m lang, mit einer großen Schlinge in der Mitte**

Ort:
drinnen oder draußen

Was ist das?

SOS Kinderdorf Krasniku

Was ist das?

Herkunftsland: **Polen**

Teilnehmer: **ab 5 Spieler**

Alter: **5 bis 8 Jahre**

Material: **keins**

Ort: **drinnen oder draußen**

Für dieses Spiel setzen wir uns am besten im Kreis zusammen. Nun denkt sich einer von uns einen Gegenstand aus und beschreibt dessen Eigenschaften, ohne jedoch den Begriff zu benennen oder es uns allzu einfach zu machen, ihn zu erraten. Ein Kind sagt zum Beispiel: „Es ist weit, weit von uns entfernt, riesengroß und sehr heiß. – Was ist das?“ Jetzt müssen wir anderen versuchen, das herauszufinden. Gelingt uns das nicht, muß der Fragesteller weitere Einzelheiten preisgeben. Er könnte folgendes hinzufügen: „Es gibt uns das Tageslicht, und wenn wir es malen, dann mit einem gelben Farbstift.“ Das Kind, das als erstes den Gegenstand errät, darf die nächste Frage stellen.

Spielregeln aus Guatemala

In Guatemala nennen wir unser Ratespiel „Überzeuge dich selbst“. Ein Kind begibt sich außer Hörweite. Dann überlegen sich die anderen Teilnehmer einen Gegenstand, den sie zum Beispiel in New York (oder in einer anderen großen Stadt) erstanden haben und den sie nun zum Verkauf anbieten. Sie beschreiben seine Merkmale so, daß es für das ratende Kind nicht zu leicht ist, ihn herauszufinden. Gelingt es ihm, dann kommt ein anderer Teilnehmer mit einem neuen Ratebegriff an die Reihe.

Wir spielen so lange, bis jeder von uns einmal geraten hat. Bekommt ein Spieler den Gegenstand nicht heraus, benennt die Gruppe diesen und denkt sich einen neuen aus. Wenn das ratende Kind auch beim dritten Mal scheitert, kommt ein anderer Spieler an die Reihe.

Natürlich können wir anstelle von Gegenständen beispielsweise auch Tiere oder die Titel von Büchern oder von Fernsehsendungen raten lassen.

Links oder rechts?

SOS Kinderdorf Waterfalls / Harare

Bei diesem Spiel stellen wir uns einander gegenüber auf. Dann nimmt einer von uns einen Stein (oder einen anderen kleinen Gegenstand), wechselt ihn einige Male schnell von einer Hand in die andere – am besten hinterm Rücken – und hält dem anderen Kind die geschlossenen Fäuste hin. Dieses muß nun herausbekommen, ob der Stein in der linken oder in der rechten Hand versteckt ist. Rät es richtig, bekommt es einen Punkt und versteckt nun seinerseits den Stein. Rät es falsch, bekommt sein Gegenüber den Punkt und beginnt von vorn. Gewinner ist derjenige, der nach einer festgelegten Anzahl von Runden die meisten Punkte eingeheimst hat.

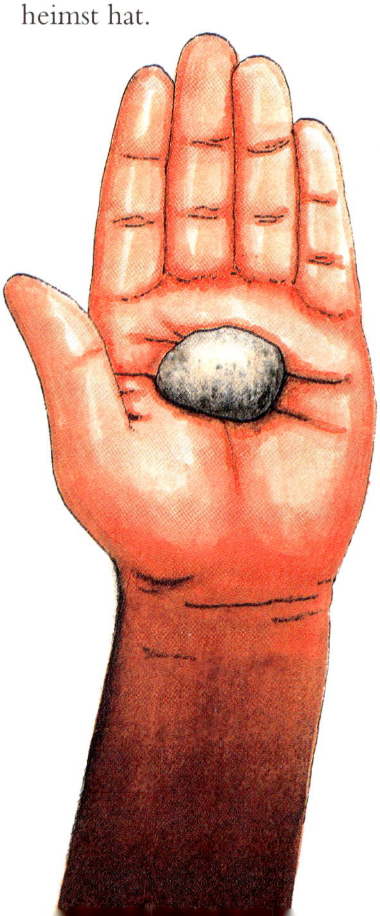

Spielregeln aus Kenia
Wenn wir Kinder in Kenia zu dritt oder zu viert sind und ein Ratespiel mit Steinen machen, dann geht das so: Wir malen eine Spirale mit mindestens fünf Windungen in den Sand oder auf ein Blatt Papier, und dann bekommt jeder Teilnehmer zwei Steine, von denen er einen – den Handstein – in der Faust hält und den anderen – den Spielstein – an den Anfangspunkt der Spirale legt.
Gespielt wird im Uhrzeigersinn: Spieler 1 läßt Spieler 2 raten, in welcher Hand der Stein ist, dann sind Spieler 2 und Spieler 3 an der Reihe und so weiter. Es gibt keine Punkte, statt dessen darf das Kind, das seinen Handstein erfolgreich „verteidigen“ konnte, seinen Spielstein eine halbe Spiralenwindung weiterschieben. Sieger ist derjenige, dessen Stein als erster das Ende der Spirale erreicht hat.

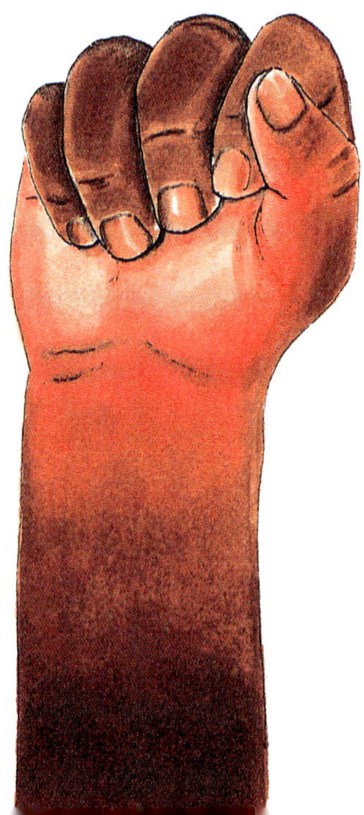

Links oder rechts?

Herkunftsland:
Zimbabwe

Teilnehmer:
2 Spieler

Alter:
ab 4 Jahre

Material:
kleiner Stein

Ort:
drinnen oder draußen

Wer hat mich berührt?

SOS Kinderdorf Lomé und Kara

Wer hat mich berührt?

Herkunftsland:
Togo

Teilnehmer:
2 Mannschaften à mindestens 5 Spieler

Alter:
ab 5 Jahre

Material:
- **Teamkennzeichen**
- **Sicherheitsnadeln**

Ort:
drinnen oder draußen

Wir bilden zwei gleich große Mannschaften und heften danach die Kennzeichen, zum Beispiel rote und blaue Stoffreste, gut sichtbar an unsere Kleidung. Nun bestimmen wir je einen Kapitän für die Gruppen, der jedem Mitglied seiner Mannschaft einen Geheim- oder Decknamen zuteilt. Team 1 und Team 2 setzen sich einander gegenüber auf den Boden, die Kapitäne stellen sich hinter der jeweiligen Gegenmannschaft auf.
Der Kapitän von Team 1 hält einem Mitglied von Team 2 die Augen zu. Danach ruft er den Geheimnamen eines Spielers seiner eigenen Mannschaft auf, der daraufhin auf das Kind mit den zugehaltenen Augen zugeht und dessen Kopf leicht berührt. Er setzt sich wieder auf seinen Platz.
Jetzt nimmt der Kapitän seine Hände von den Augen des Kindes, das nun raten muß, wer es berührt hat. Damit dieser Spieler sich nicht durch Gestik oder Mienenspiel verrät, klatschen alle Mitglieder beider Mannschaften rhythmisch in die Hände.
Das Kind hat nur einen Rateversuch. Wenn es den Spieler herausfindet, gehört dieser fortan zur gegnerischen Mannschaft und erhält von deren Kapitän einen anderen Geheimnamen. Wenn das Kind falsch rät, muß es die Seite wechseln und sich einen neuen Decknamen geben lassen. Nun wählt der Kapitän von Team 2 ein Mitglied von Team 1, dem die Augen zugehalten werden, und der Spielablauf beginnt von neuem. Das Spiel endet, wenn ein Team sich alle Teilnehmer des Spiels (bis auf den Kapitän!) „einverleibt“ hat.

Die schelmische Katze

u.a. SOS Kinderdorf Jarville

Die schelmische Katze

Herkunftsland:
Frankreich

Teilnehmer:
jeweils 1 Spieler

Alter:
ab 5 Jahre

Material:
- 1 Bogen bunter Zeichenkarton
- 1 Stück Sperrholz (feste Pappe)
- Stift
- Schere
- Klebstoff
- Reißnägel

Ort:
drinnen

Bevor wir mit dem Spiel beginnen, malen wir auf den Zeichenkarton einen sitzenden Katzenrumpf auf, das heißt ohne den Schwanz und ohne den Kopf. Diese beiden Körperteile sowie die Ohren und die Schnurrhaare zeichnen wir getrennt.

Wir schneiden alles einzeln aus und kleben den Rumpf auf dem Sperrholz fest, die anderen Teile stecken wir mit Reißnägeln am Katzenkörper fest.

Der Spieler, der an der Reihe ist, schaut sich die Katze ein paar Sekunden an. Dann muß er sich umdrehen, und ein anderer Teilnehmer verändert die Position eines der „beweglichen" Körperteile.

Wenn er damit fertig ist, verständigt er den Spieler, der die Katze nun genau ansehen muß, um herauszufinden, was verändert wurde. Jeder darf nur einmal raten. Hat er recht, so bekommt er einen Punkt. Ist seine Antwort falsch, geht er leer aus. Nun ist er an der Reihe, für das nächste Kind einen Körperteil der Katze zu verändern. Dieses Spiel eignet sich vor allem für jüngere Spieler. Bei älteren solltet ihr jedesmal zwei oder drei Elemente verändern. Und wem das noch zu einfach ist, der heftet der Katze an jeder Seite der Nase drei bewegliche Schnurrhaare an.

Natürlich läßt sich auch ein anderes Tier, zum Beispiel ein Hase oder ein Hund gestalten. Dann könnt ihr drei verschiedene Tierfiguren nebeneinander hängen und an jedem ein oder mehrere Körperteile verändern – da wird es dann wirklich kniffelig!

Kim

SOS Kinderdorf Dhaka

Kim

Herkunftsland:
Bangladesh

Teilnehmer:
ab 10 Spieler

Alter:
ab 9 Jahre

Material:
• Tablett
• 20 bis 30 verschiedene kleine Gegenstände, wie Büroklammern, Münzen, Schlüssel, Spielzeugautos…
• Tuch
• pro Spieler Stift und Papier

Ort:
drinnen

Auch Kim gehört zu den Spielen, bei denen man sehr gut beobachten muß. Der Spielleiter legt die vorbereiteten Gegenstände so auf das Tablett, daß jeder von uns sie gut sehen kann. Nun betrachten wir sie zwei oder drei Minuten lang ganz genau. Dann deckt der Spielleiter das Tablett mit dem Tuch zu, oder er trägt es aus dem Zimmer.

Jetzt nimmt jeder von uns Stift und Papier zur Hand. Innerhalb einer vorgegebenen Zeit versuchen wir, uns an möglichst viele Gegenstände zu erinnern und deren Namen aufzuschreiben. Gewinner ist derjenige, der sich an die meisten Gegenstände erinnern konnte.

Wenn jüngere Kinder mitspielen, die noch nicht schreiben können, malen sie die Gegenstände auf, oder sie flüstern dem Spielleiter die Begriffe ins Ohr, die dieser dann aufschreibt. Der Titel dieses Gedächtnisspieles leitet sich von dem gleichnamigen Roman des englischen Schriftstellers Rudyard Kipling ab (er ist übrigens der Autor des berühmten „Dschungelbuches“). Kipling erzählt darin von dem jungen Kim, dem verwaisten Sohn eines britischen Soldaten, der auf der Suche nach seiner Bestimmung durch Indien wandert. Im Haus des Händlers Lurgan wird er mit dem Juwelenspiel auf die Probe gestellt: Der Händler streut eine Handvoll verschiedener Edelsteine auf ein Tablett, und Kim und Lurgans Sohn müssen nach einem raschen Blick möglichst viele Juwelen benennen und beschreiben, ohne sie noch sehen zu können. Aufgrund dieser Romanszene bezeichnet man die oben beschriebene Art von Gedächtnisspielen heutzutage als „Kimspiele“ oder nennt sie schlicht Kim.

Tastkim

SOS Kinderdorf Davao

Tastkim läßt sich wie viele der anderen Spiele auch je nach Alter sowohl auf eine leichte als auch auf eine etwas anspruchsvollere Art spielen.
Wenn kleinere Kinder mitspielen, veranstalten wir ein Tastkim so:
Wir setzen uns im Kreis auf den Boden und legen die Hände auf den Rücken. Die Rolle des Spielleiters übernimmt einer von uns. Er gibt einem Kind einen der vorbereiteten Gegenstände so in die Hand, daß es ihn nicht sehen, aber befühlen kann. Jetzt muß der Spieler raten, worum es sich dabei handelt. Gelingt es ihm, so darf er für den nächsten Mitspieler einen Gegenstand aussuchen. Hat er es nicht geschafft, so ist der erste Spielleiter noch einmal an der Reihe.
Es erhöht übrigens den Spaß, wenn wir auch einmal einen Eiswürfel, ein feuchtes Stück Seife oder etwas Ähnliches nehmen.
Spielen ältere Kinder, so bekommen sie nicht nur einen Gegenstand, sondern nacheinander zehn oder mehr in die Hände und reichen sie an ihren Nachbarn hinterm Rücken oder unter einem Tisch mit weit herabhängendem Tuch weiter.
Wenn jeder Spieler jeden Gegenstand einmal befühlt hat, gestaltet sich der zweite Teil des Spieles wie beim „normalen" Kim: Alle nehmen Blatt und Stift und versuchen, möglichst viele Gegenstände aufzuschreiben.
Eine weitere Variante besteht darin, daß der Spielleiter die Gegenstände in einen Kissenbezug oder in eine Einkaufstasche aus Baumwolle steckt, und wir sollen sie durch den Stoff hindurch erfühlen.

Tastkim

Herkunftsland:
Philippinen

Teilnehmer:
ab 10 Spieler

Alter: **ab 5 Jahre**

Material:
- **10 bis 20 kleine Gegenstände, wie Radiergummis, Murmeln, Zwirnrollen, Korken…**
- **Tisch u. Tischtuch**
- **pro Spieler Stift und Papier**

Ort:
drinnen oder draußen

Woaley

SOS Kinderdorf Freetown

Woaley

Herkunftsland:
Sierra Leone

Teilnehmer:
2 Spieler

Alter:
ab 8 Jahre

Material:
- **Spielbrett**
- **48 kleine Steine (getrocknete Hülsenfrüchte)**

Ort:
drinnen oder draußen

Dieses ursprünglich aus Ägypten stammende Spiel gibt es schon seit Tausenden von Jahren. Es weist gewisse Ähnlichkeiten mit dem auch in Deutschland bekannten Brettspiel Backgammon auf und erfreut sich in ganz Afrika und in weiten Teilen Asiens großer Beliebtheit, und zwar nicht nur bei Kindern, sondern auch bei Erwachsenen.

Es existieren einige voneinander mehr oder weniger stark abweichende Spielregeln und -bretter, und je nach Land (und ethnischer Gruppierung) hat „Woaley" natürlich unterschiedliche Namen. In **Ghana** heißt es „Owari", an der **Elfenbeinküste** „Awale", in **Nigeria** „Ajo", in **Togo** und in **Benin** „Aju", im **Senegal** „Ouri", in Guinea „Wori", auf den **Philippinen** „Sungka" und in **Sri Lanka** „Olinda Keliya".

Unser Woaley-Brett hat an der Längsseite sechs Vertiefungen (pro Spieler) und eventuell noch je eine Mulde am linken und rechten Ende des Brettes. Da hinein legen die Teilnehmer ihre erspielten Steine, einer in die linke, der andere in die rechte Mulde.

Wir Kinder spielen Woaley anstatt mit einem Brett auch einfach im Sand. Dazu buddeln wir nur die zwölf Vertiefungen für die Steinchen mit den Fingern oder mit einer kleinen Schaufel.

Grundregeln

Die im folgenden aufgeführten Regeln gelten für das Woaley aus Sierra Leone. Zu Beginn füllen wir in jede Mulde vier Steinchen, und anschließend wird immer gegen den Uhrzeigersinn gespielt.

Ein Spielzug bedeutet, daß ein Teilnehmer alle Steine aus der einen Mulde nimmt und sie dann einzeln in die darauffolgenden Vertiefungen verteilt.

Der Beginn eines Zuges, also die Entnahme der Steine aus einer Mulde, muß immer auf der eigenen Spielhälfte erfolgen.

Gelangt man bei seinem Zug mit irgendeinem Stein – außer mit dem letzten – in eine Mulde, in der nur drei Steine liegen, gehören diese dem Spieler, auf dessen Brettseite sie sich befinden. Dieser Spieler leert die Mulde sofort aus.

Gelangt man mit seinem letzten Stein in eine Mulde, in der sich kein anderer befindet oder in der drei Steine liegen, so kommt der Gegenspieler an die Reihe.

Jedoch gehören dem ersten Spieler diese drei Steine auch dann, wenn sie sich auf der Gegenseite befinden.

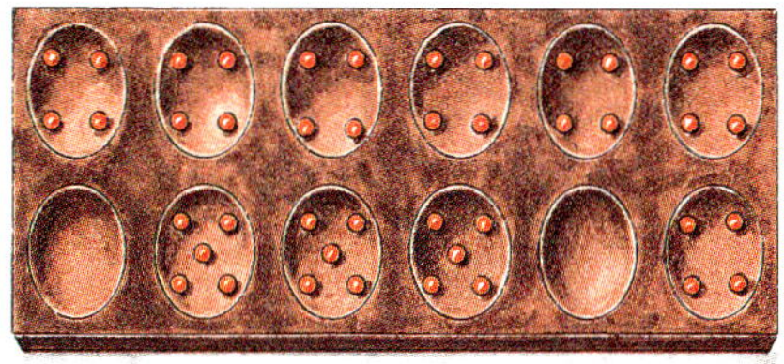

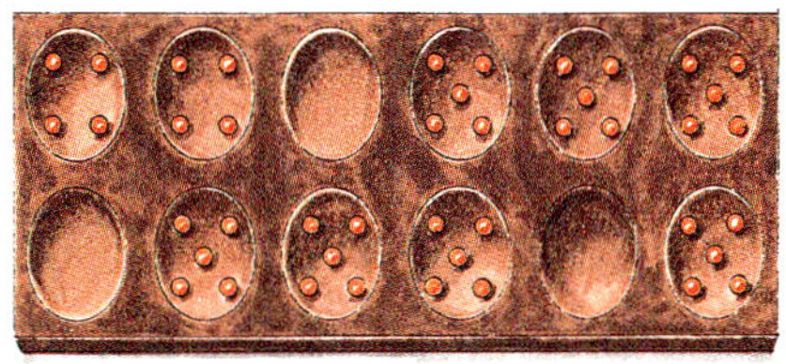

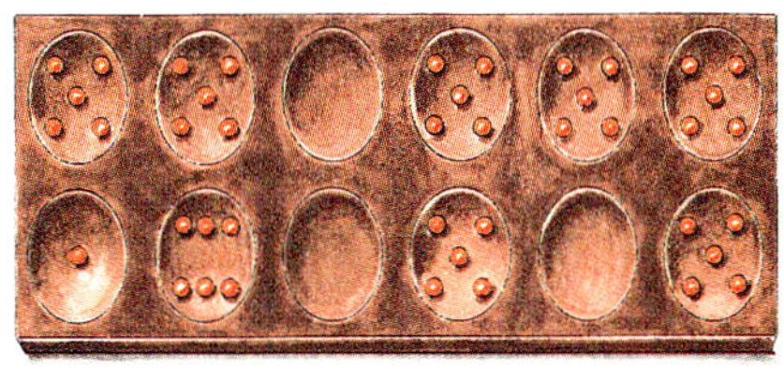

Spielverlauf

Nachdem wir in jede der zwölf Mulden vier Steine gelegt haben, beginnt einer von uns. Er „leert“ eine Mulde auf seiner Seite und verteilt die Steine gegen den Uhrzeigersinn einzeln in die folgenden Mulden, bis er keinen Stein mehr übrig hat.

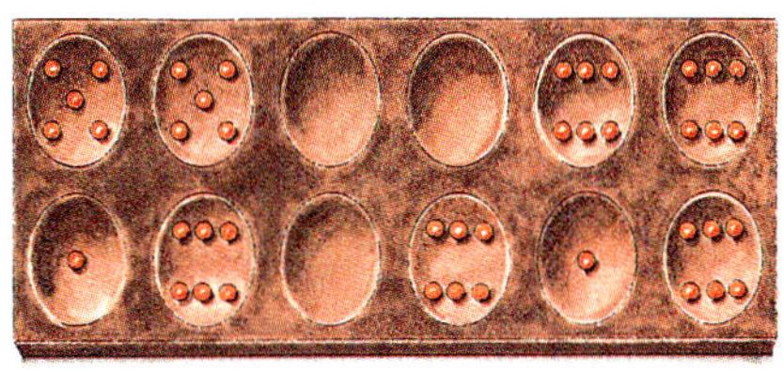

Nun leert er die Mulde, in die er seinen letzten Stein gelegt hat, und fährt mit dem Verteilen so lange fort, bis er mit seinem letzten Stein in eine Mulde kommt, in der noch keine Steine liegen. Diese erste Runde ist lediglich eine Mischrunde, in der man noch nichts gewinnen kann. Der zweite Spieler spielt ebenso: Er leert eine Mulde, verteilt die Steine einzeln und so weiter. Dabei versucht er aber, so viele Steine wie möglich zu bekommen. Gewinner ist derjenige, der am Spielende die meisten Steine beisammen hat.

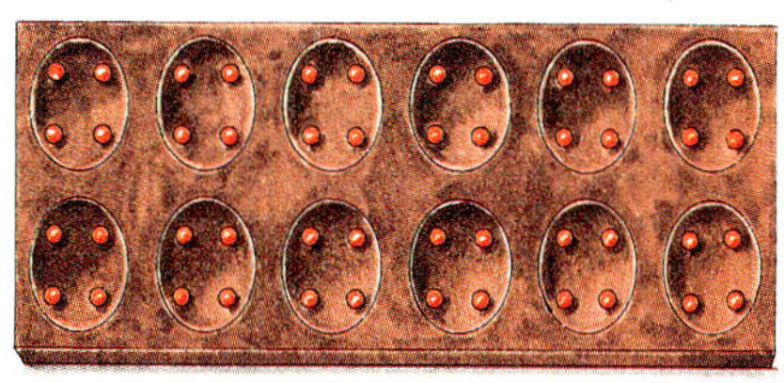

Kleine Mühle

SOS Kinderdorf Bukavu

Kleine Mühle

Herkunftsland:
Zaire

Teilnehmer:
2 Spieler

Alter:
ab 6 Jahre

Material:
- aufgemaltes Spielbrett
- Stift (Kreide)
- je 3 Spielsteine

Ort:
drinnen oder draußen

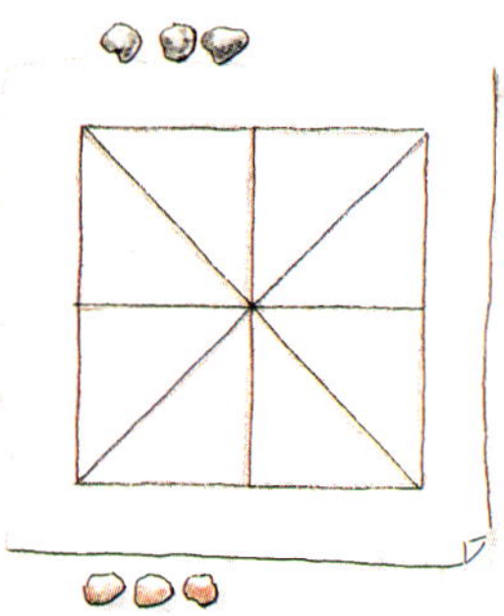

Dieses Spiel ist in Afrika weit verbreitet und stellt eine vereinfachte Form des Brettspiels „Mühle" dar.
Wir Kinder in Zaire brauchen jedoch kein gekauftes Brett, sondern wir stellen es uns selbst her. Auf ein Blatt Papier, auf Asphalt oder in den Sand malen wir uns das links abgebildete Schema: ein geviertteltes Quadrat, dessen Ecken durch Diagonalen miteinander verbunden werden. Nun benötigen wir nur noch pro Spieler drei beliebige Spielsteine, die sich in Farbe oder Form deutlich von denen des Gegenübers unterscheiden, und schon kann der Spaß beginnen.
Nachdem wir gelost haben, wer anfängt, wird zunächst abwechselnd je ein Stein gesetzt, dann, ab dem siebten Spielzug, geschoben. Dabei darf natürlich nur entlang der Linien gespielt werden. Sind alle Steine eines Spielers so blockiert, daß er sie nicht mehr bewegen kann, ist das Spiel beendet. Die Blockade eines Mitspielers bedeutet immer, daß der andere eine Mühle hat und damit Sieger ist.

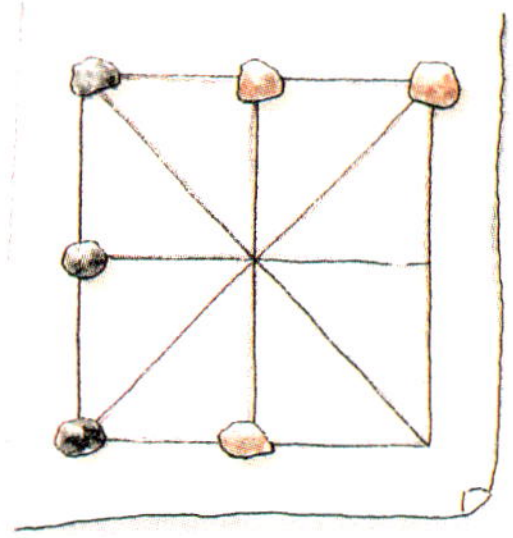

Eine Mühle läßt sich aus einer senkrechten, waagrechten oder einer diagonalen Reihe aus Steine einer Farbe bilden. Der Spieler, der das schafft, darf beim nächsten Spiel als erster einen Stein setzen.
Wenn wir das Spiel ein noch wenig schwieriger gestalten wollen, lassen sich die eben geschilderten Regeln einschränken: Eine Mühle, also eine Dreierreihe, zählt nur dann, wenn sich ein Stein auf dem Mittelpunkt des Spielfelds befindet. Bei dieser Variante können wir statt eines quadratischen Spielfeldes auch ein rundes – in Form eines Rades mit acht Speichen – zeichnen.

Sholo Guti

SOS Kinderdorf Rajshaki

Sholo Guti, bei Brettspielspezialisten auch als das „Sechzehn-Soldaten-Spiel“ bekannt, vereinigt Elemente von Dame und Halma.

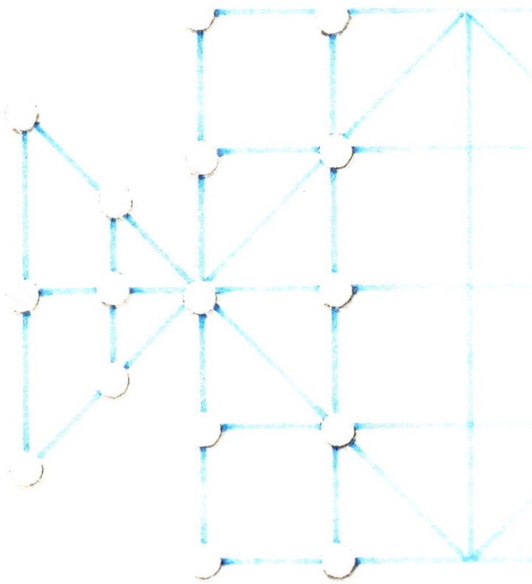

Wir können uns das Spielbrett problemlos selbst herstellen. Dazu übertragen wir das abgebildete Schema in einem genügend großen Maßstab zum Beispiel auf einen Bogen Millimeterpapier und kleben dieses dann auf ein rechteckiges Stück Sperrholz.

Oder wir zeichnen das Schema direkt mit Hilfe eines Lineals auf einen Bogen Karton oder malen es mit Kreide auf eine Tafel. Ob wir Halma- oder Mühlesteine in verschiedenen Farben oder Plättchen eines Hüpfspiels als Steine – als Gutis – nehmen, das ist reine Geschmackssache. Zum Spielen setzen wir uns so hin, daß wir jeweils die Grundlinie eines der beiden Dreiecke vor uns haben. Dann plazieren wir unsere Spielsteine so, wie es auf der Abbildung zu erkennen ist.
Jeder Spieler darf jeweils einen Stein von einer Schnittstelle zweier Linien auf eine freie bewegen: Das ist nur in waagerechter, senkrechter und diagonaler Richtung möglich; weiter ist es erlaubt, vorwärts oder rückwärts zu ziehen.
Eigene Steine dürfen nicht übersprungen werden, aber die des Gegners. Dabei gelten übersprungene Steine als geschlagen und werden vom Brett entfernt. Gewinner ist derjenige, dem es gelingt, alle gegnerischen Steine einzuheimsen oder so zu blockieren, daß sie nicht mehr gezogen werden können.
Zum Schluß noch eines: Manche Kinder zeichnen sich ihr Spielbrett nicht mit zwei Dreiecken, sondern mit vieren auf, also mit einem auf jeder Seite des inneren Quadrats. Dann kann man entweder zu viert spielen, oder bei nur zwei Teilnehmern übernimmt jeder zwei Dreiecke.

Sholo Guti

Herkunftsland:
Bangladesh

Teilnehmer:
2 Spieler

Alter:
ab 9 Jahre

Material:
- **Spielbrett (z.B. Sperrholz, Karten oder Millimeterpapier)**
- **je 16 Spielsteine**
- **Stift**
- **Lineal**
- **Klebstoff**

Ort:
drinnen oder draußen

Yute

SOS Kinderdorf Daegu

Yute

Herkunftsland:
Korea

Teilnehmer:
2 gleich große Mannschaften à mindestens 2 Spieler

Alter:
ab 6 Jahre

Material:
- **Spielbrett (Zeichenkarton)**
- **Holz für 4 Yute-Stäbchen à 10-12 cm lang, 1-1,5 cm breit**
- **je 4 Spielsteine**
- **Stift und Papier**
- **(Zirkel)**

Werkzeug:
- **scharfes Messer zum Schnitzen**
- **Hobel**

Ort:
drinnen oder draußen

Yute (sprich: Yuth) ist das bekannteste und weitaus beliebteste koreanische Gesellschaftsspiel, das Kinder und Erwachsene gleichermaßen begeistert. Es wird hauptsächlich im Winter gespielt, vor allem aber in der Zeit zwischen dem traditionellen Neujahrs- und dem Vollmondfest. Zum Erntefest im Herbst spielt man Yute gern im Freien.

Genauso wie bei den beiden vorigen Spielen läßt sich auch für Yute das Spielbrett gut selbst herstellen. Dazu brauchen wir einen Bogen Zeichenkarton, einen Stift und ein Lineal. Wer will, zeichnet die Kreise mit einem Zirkel.

Als Spielsteine können wir die Plättchen von einem Flohhüpfspiel, Legosteine, Knöpfe oder ähnliches verwenden.

Und die Yute-Stäbchen lassen wir am besten von einem Erwachsenen schnitzen, oder wir bitten ein älteres Geschwister, uns zu helfen. Auf der einen Seite müssen die Yute-Stäbchen flach gehobelt werden, auf der anderen dagegen halbrund beziehungsweise halboval. Zum Schluß erhält eines der Stäbchen irgendeine Markierung auf der flachen Seite, beispielsweise einen roten Punkt, damit es sich deutlich von den anderen unterscheiden läßt.

Zum Spielen setzen wir uns im Kreis auf den Boden und bilden zwei gleich große Teams. Sie werden ausgewählt, indem wir abzählen, wer eine gerade oder eine ungerade Ziffer hat. Diejenigen Teilnehmer mit der geraden und die mit der ungeraden Zahl spielen jeweils zusammen.

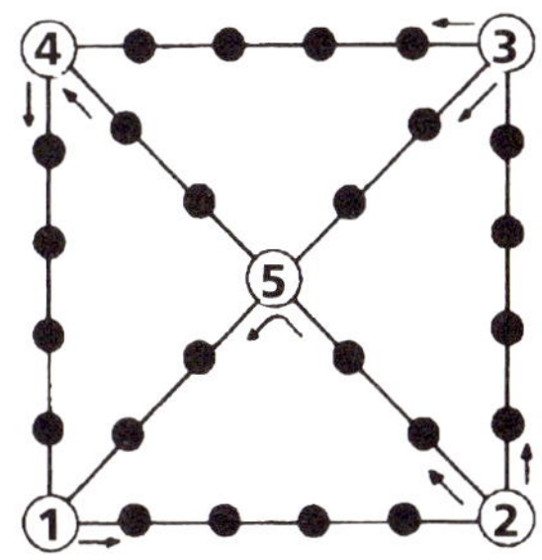

Jede Mannschaft kommt abwechselnd an die Reihe. Die Mitglieder der jeweiligen Parteien machen untereinander aus, wer das Versetzen der Spielsteine und wer das Werfen der Stäbchen übernimmt.

Das Ziel von Yute ist es, das Spielquadrat mit allen vier Steinen einmal gegen den Uhrzeigersinn zu umrunden. Dabei liegt der Startpunkt (1) in der linken unteren Ecke. Nach dorthin müssen die Spielsteine über die anderen Ecken auch wieder zurückkehren (1-2-3-4-1).

Wenn wir jedoch ein Feld erreichen, an dem eine Diagonale abzweigt, dürfen wir die Route verkürzen und uns nach links bewegen. In Zahlen ausgedrückt, sind folgende Abkürzungen möglich: 1-2-3-1, 1-2-4-1 und (wenn man Glück hat) 1-2-5-1.

Die Zahl der Felder, um die man die Spielsteine jeweils vorrücken kann, ergibt sich aus der Anordnung der geworfenen Stäbchen. Wir unterscheiden fünf Positionen:

1. TO: Eine flache Seite zeigt nach oben. Der Spieler rückt ein Feld vor.

2. KA KAI: Zwei flache Seiten zeigen nach oben. Der Spieler rückt zwei Felder vor.

3. KUL: Drei flache Seiten zeigen nach oben. Der Spieler rückt drei Felder vor.

4. YUTE: Vier flache Seiten zeigen nach oben. Der Spieler rückt vier Felder vor.

5. MO: Vier abgerundete Seiten zeigen nach oben. Der Spieler rückt fünf Felder vor.

Wenn wir MO und YUTE werfen, dann kommen wir noch einmal an die Reihe. Und wenn wir TO mit dem markierten Stäbchen werfen, gehen wir ein Feld zurück. Das kann äußerst vorteilhaft sein, wenn sich dort ein Verfolger befindet, da wir ihn schlagen dürfen (siehe unten).

Wenn wir auf ein Feld gelangen, auf dem bereits ein eigener Spielstein steht, dürfen wir für den Rest des Spieles mit beiden Steinen gleichzeitig weiterziehen.

Wenn wir auf ein Feld gelangen, auf dem ein Spielstein der Gegenseite steht, wird dieser geschlagen. Das bedeutet, daß er auf den Startpunkt zurückgestellt werden muß. Wir dürfen dann noch einmal ziehen.

Oben – unten?

Herkunftsland:
Ruanda

Teilnehmer:
ab 2 Spieler

Alter:
ab 5 Jahre

Material:
3 Bohnen (oder Erdnüsse)

Ort:
drinnen oder draußen

Dippsen

Herkunftsland:
Deutschland

Teilnehmer:
ab 2 Spieler

Alter:
ab 6 Jahre

Material:
- etwa 1 Handvoll getrocknete Bohnen
- Kreidestück

Ort:
draußen

Oben – unten?

SOS Kinderdorf Kigali

Dieses Wurfspiel, bei dem man sich am besten auf den Boden setzt oder kniet, wird bei uns in Ruanda während der Erntezeit gern von kleinen Kindern gespielt. Es funktioniert nach demselben Prinzip wie „Kopf oder Zahl“. Wir benötigen drei Bohnen (wer will, kann auch Erdnüsse nehmen), die man der Länge nach durchschneidet, so daß man sechs Hälften mit je einer flachen und einer gewölbten Seite erhält.

Vor dem Spielbeginn vereinbaren wir, ob wir eine Punktezahl erreichen wollen, oder ob wir eine bestimmte Anzahl von Runden festlegen.

Das Spiel selbst ist denkbar einfach. Nachdem wir ausgelost haben, wer anfängt, wirft derjenige die sechs halbierten Bohnen so in die Luft, daß sie zwischen uns auf den Boden fallen. Je nachdem, wie die Bohnen danach liegen, werden die Punkte verteilt. Und das geht so:

1. Weist nur bei einer oder bei zwei Bohnenhälften die flache Seite nach oben, gibt es keinen Punkt.

2. Weist bei drei bis fünf die flache Seite nach oben, gibt es einen Punkt.

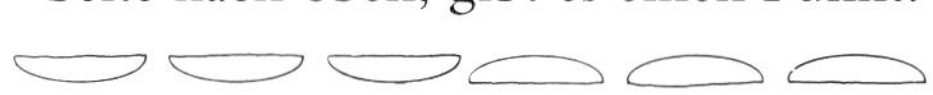

3. Weist bei allen entweder die flache oder die gewölbte Seite nach oben, gibt es zwei Punkte.

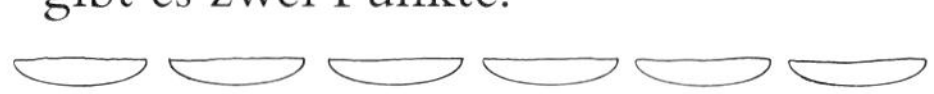

Gewinner ist derjenige, der die meisten Punkte sammeln kann.

Dippsen

SOS Kinderdorf Lutjenburg

Wir suchen einen geeigneten Spielort: einen gepflasterten oder asphaltierten Boden, der bis an eine Mauer oder Hauswand reicht. Auf dem Boden malen wir das Spielfeld (etwa 20 mal 20 Zentimeter) so auf, daß dessen Rückseite an der Mauer entlangläuft. Etwa drei Meter davor ziehen wir die Wurflinie und zwischen dieser und dem Spielfeld, dem sogenannten Kasten, die Mittellinie. Dann losen wir aus, in welcher Reihenfolge gespielt wird und einigen uns über die Anzahl der Bohnen – mindestens zwei – die wir pro Runde einsetzen.

Von der Wurflinie aus versuchen wir möglichst viele Bohnen in den Kasten zu werfen. Das kann direkt geschehen, oder wir können auch indirekt spielen, indem wir die Mauer als sogenannte „Bande“ benutzen, von der die Bohnen in den Kasten abprallen. Derjenige, dessen Bohnen darin gelandet sind, darf nun „dippsen“: das heißt versuchen, die außerhalb des Kastens liegenden Bohnen durch Schnipsen mit Zeigefinger und Daumen oder durch Schubsen mit nur einem Finger ebenfalls in den Kasten hineinzubefördern. Das müssen wir mit nur einem Versuch pro Bohne schaffen. Gelingt das nicht, kommt der nächste Spieler an die Reihe.

Bohnen, die genau auf den Linien des Kastens landen, müssen vom nächsten Spieler von der Mittellinie aus in den Kasten gedippst werden.

Gewinner des Kasteninhalts ist derjenige, der die letzte Bohne in den Kasten dippst.

Steinchen fangen

SOS Kinderdorf Bangui

Steinchen fangen

Herkunftsland:
Zentralafrikanische Republik

Teilnehmer:
2 bis 8 Spieler

Alter:
ab 5 Jahre

Material:
7 oder 11 Steinchen

Ort:
drinnen oder draußen

Bei diesem Spiel setzen oder knien wir uns auf den Boden. Dann kann unsere kleine Fangschule, für die wir lediglich kleine Steine benötigen, beginnen. Während einer von uns spielt, passen wir anderen auf, ob das Kind einen Fehler macht. Wenn ja, kommt der nächste von uns an die Reihe. Je nach Lust und Laune können wir sieben oder elf Steinchen nehmen. Wenn wir uns für die erste Möglichkeit entscheiden, lauten die Regeln wie folgt:

Fangregeln für sieben Steine

Bevor das Spiel beginnt, wirft das Kind alle Steinchen gleichzeitig in die Luft und versucht, möglichst viele davon auf dem Handrücken landen zu lassen. Dann schleudert es sie erneut hoch und fängt eines in der Hand auf. Dieses Steinchen nennen wir in der Zentralafrikanischen Republik „Mutter".

Dann wird ausgemacht, wir oft das Kind die Mutter in die Höhe werfen und wieder auffangen muß. Nachdem es die Mutter in die Luft geworfen hat, muß es mit derselben Hand die übrigen sechs Steinchen in einer vorgegebenen Reihenfolge vom Boden einsammeln.

In der ersten Runde hebt es die Steinchen einzeln auf und legt sie auch so wieder zurück; in der zweiten sammelt es sie paarweise und in der dritten Runde zu dreien. In der vierten greift es erst zwei und dann vier Steinchen. In der fünften erst eines und dann fünf. In der sechsten Runde schließlich versucht es, alle sechs Steinchen auf einmal zu erwischen, ehe es die Mutter wieder auffängt. Soweit die Grundregeln.

Fangregeln für elf Steine

Wenn wir das Ganze ein wenig schwieriger gestalten wollen, erhöhen wir die Anzahl der Steinchen auf elf und legen zehn davon in einen auf den Boden gezogenen Kreis mit einem Durchmesser von fünfzehn Zentimetern.

Das elfte Steinchen ist die Mutter und wird – so wie beim Siebenerspiel – in die Luft geworfen und wieder gefangen, während ein Kind die einzelnen Runden absolviert.

Die erste Runde besteht darin, alle Steinchen auf einmal aus dem Kreis zuschubsen oder – viel schwieriger – sie aufzunehmen und danach auf dieselbe Weise wieder hineinzubefördern.

In der zweiten Runde nimmt der Spieler die Steinchen einzeln auf und legt sie dementsprechend wieder zurück. In der dritten Runde zu zweit, in der vierten Runde abwechselnd zu zweit und zu dritt. In der fünften Runde greift das Kind sie abwechselnd zu zweit und zu viert und in der sechsten zu fünft.
Und wenn uns das immer noch nicht kompliziert genug ist, bilden wir ein paar Zentimeter vor der Kreisaußenlinie ein Tor. Es entsteht dadurch, daß der Spieler Daumen und Zeigefinger der freien Hand abspreizt und auf den Boden setzt. Während das Kind die Mutter hochwirft, muß es die Steinchen durch das Tor aus dem Kreis heraus- und dann wieder hineinschubsen.
Wer die Mutter während des Spiels auf den Boden fallen läßt oder nicht die jeweils erforderliche Anzahl von Steinchen bewegt, scheidet aus, und der nächste Spieler kommt an die Reihe.

Pelis

u. a. SOS Kinderdorf La Paz

Pelis

Herkunftsland:
Bolivien

Teilnehmer:
ab 2 Spieler

Alter:
ab 6 Jahre

Material:
- **1 Murmel pro Spieler**
- **etwa 10 „Pelis" (Ansichtskarten) pro Spieler**
- **1-2 murmelgroße Steine pro Spieler**

Ort:
draußen

Bei diesem Murmelspiel bestritten früher die Teilnehmer den Spieleinsaz mit Stücken von alten Filmrollen, Pelis genannt. Der Name „Pelis" ist geblieben, doch heute spielt man nicht mehr um echte „Pelis", da Filmrollen heutzutage recycelt werden und nicht einfach in der Mülltonne landen.

Bei den meisten Murmelspielen sind ja die schönen bunten Kugeln der Spieleinsatz, aber für „Pelis" braucht man etwas anderes. Die Murmel ist lediglich zum Schießen. Wir können uns Spielgeld aus Zeitungspapier zuschneiden, oder wir nehmen Bierdeckel, Ansichtskarten, alte Negativstreifen von Rollfilmen oder irgendwelche alltäglichen Küchendinge. Wir besprechen, wie hoch unser Spieleinsatz pro Runde sein soll. Jeder von uns legt dementsprechend viele Ansichtskarten übereinander auf den Boden und beschwert sie mit einem Stein, der etwa so groß ist wie die Murmeln, mit denen wir spielen. Aus einer Entfernung von drei Metern versuchen wir nun nacheinander, mit einem Murmelwurf möglichst nahe an einen der gegnerischen Deckel beziehungsweise an den -stapel heranzukommen, um danach den Stein herunterschießen zu können. Der Spieler, dem das gelingt, gewinnt die Bierdeckel und versucht dann auch noch, die Murmel dieses Teilnehmers zu treffen. Wenn er das ebenfalls schafft, so wird der Spieler um weitere fünf Deckel reicher.

Glücksstein

SOS Kinderdorf Lutjenburg

Vor Spielbeginn zeichnen wir mit Hilfe der Schnur und der Kreide einen Kreis mit einem Durchmesser von vier Metern um einen etwa faustgroßen Stein – das ist der Glücksstein. Der Untergrund, auf dem wir spielen, sollte glatt und fest sein (zum Beispiel Asphalt), und es ist besser, wenn wir die Murmeln nicht werfen, sondern sie nur rollen. Von der Kreislinie aus rollen oder werfen wir nacheinander immer eine Murmel so nah wie möglich an den Glücksstein heran. Dabei versuchen wir zu vermeiden, den Stein selbst zu treffen, da ein Abpraller in der Regel weit vom Stein wegrollt. Derjenige, der am besten gezielt hat, bekommt alle Murmeln.

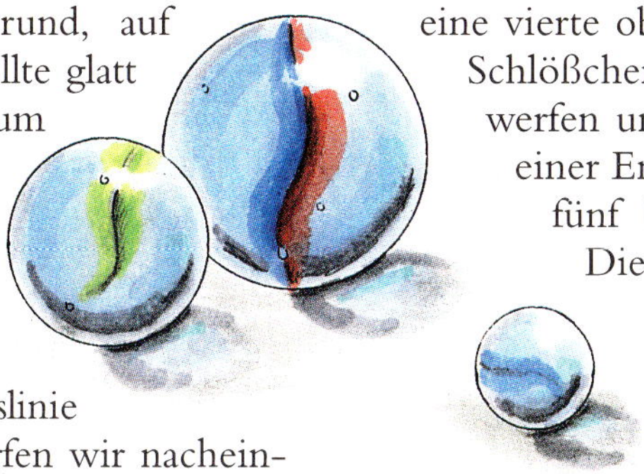

Murmelschlößchen
Ein ähnliches Spiel ist das sogenannte „Murmelschlößchen". Dafür legen wir drei Murmeln in Form eines Dreiecks dicht nebeneinander und eine vierte obenauf – das ist das Schlößchen. Wir rollen oder werfen unsere Murmeln aus einer Entfernung von etwa fünf bis sechs Metern. Die Schwierigkeit liegt im Vergleich zu „Glücksstein" in der weit größeren Entfernung und dem kleineren Zielfeld. Wer das Schlößchen zum Einsturz bringt, erhält sämtliche bereits herumliegenden Murmeln einschließlich des Schlößchens. Bei beiden Spielen können wir statt Murmeln auch Walnüsse, Kastanien oder nur Steine benutzen.

Glücksstein

Herkunftsland:
Deutschland

Teilnehmer:
ab 2 Spieler

Alter:
ab 5 Jahre

Material:
- **faustgroßer Stein,**
- **dünne Schnur, 2 m lang**
- **Kreidestück (Stöckchen),**
- **1 Säckchen Murmeln pro Spieler**

Ort:
draußen

Simon sagt....

SOS Kinderdorf Penonomé

Simon sagt....

Herkunftsland:
Panama

Teilnehmer:
10-15 Spieler

Alter:
ab 4 Jahre

Material:
keins

Ort:
drinnen oder draußen

Einer von uns übernimmt die Rolle des Spielleiters, und wir stellen uns so auf, daß wir ihn gut sehen können. Dann erteilt er uns alle möglichen und unmöglichen Anweisungen wie etwa: „Simon sagt, berühre deine Nasenspitze" oder „Simon sagt, kratze dich mit dem linken Fuß hinter dem rechten Ohr."

Jedes Mal, wenn der Spielleiter ausruft: „Simon sagt, ...", müssen wir seine Aufforderungen sofort ausführen. Werden die Befehle nicht von den Wörtern „Simon sagt" eingeleitet, dürfen wir sie nicht befolgen. Wer das trotzdem tut, scheidet aus.

Der Spielleiter aber führt alle seine Anweisungen selbst dann aus – und das ist der eigentliche Witz – wenn er sie nicht mit „Simon sagt, ..." beginnt. Derjenige Spieler, der als letzter übrig bleibt, ist der Gewinner und wird zum neuen Spielleiter ernannt.

Spielregeln aus Frankreich

Das „Simon-sagt-Spiel" der Kinder in Frankreich ist noch etwas komplizierter. Dort kann der Spielleiter die Aufforderung „Simon sagt, leg deine Hände auf den Kopf" durchaus mit einer Kniebeuge oder mit etwas ähnlich Unpassendem begleiten. Da dieses Verwirrspiel den anderen Teilnehmern natürlich sehr viel Konzentration abverlangt, eignet sich diese Variante insbesondere für ältere Kinder.

Chikuakuakua

SOS Kinderdorf Maputo

Vor Spielbeginn bestimmen wir einen Spielleiter. Dann nehmen wir die Rasseln in die Hände und stellen uns in einer Reihe hinter dem Spielleiter auf. Auf sein Pfeifsignal hin setzt sich der so gebildete „Zug“ in Bewegung und ruckelt, von den Rasseln lautstark untermalt, dahin. Wenn ein jetzt zweites Pfeifsignal des Spielleiters ertönt, bleiben wir alle stehen.
Der Spielleiter stellt sich so hin, daß wir ihn gut sehen können, und das eigentliche Spiel kann beginnen.
Chikuakuakua ist eine auf möglichst rhythmische Bewegungsabläufe verringerte Spielart von „Simon sagt“. Auch hier geht es darum, die Anleitungen des Spielleiters zu befolgen. Aber er erteilt seine Befehle nicht mündlich, sondern einzig und allein über die Körpersprache. Mit anderen Worten: der Spielleiter übernimmt die Rolle eines „Vortänzers“, der den anderen Teilnehmern – zuerst langsam und dann immer schneller – die weiteren Bewegungen vorgibt. Außerdem macht er natürlich kräftig von seinen Rasseln Gebrauch, und auch das ahmen wir nach.
Auch bei uns in Mozambique gilt die folgende Regel: Wer eine Bewegung falsch oder nur unvollständig nachmacht, der scheidet dann aus. Sieger wird derjenige, der sich bis zum Schluß keine beziehungsweise nur geringfügige „Patzer“ geleistet hat. Allzu streng sollte man nicht sein! Wenn wir noch eine zweite Runde spielen wollen, dann wird der Sieger der nächste Spielleiter.

Chikuakuakua

Herkunftsland:
Mozambique

Teilnehmer:
ab 8 Spieler

Alter:
ab 3 Jahre

Material:
- **Trillerpfeife,**
- **2 Rasseln pro Spieler (z.B. mit Steinchen gefüllte Kunststoff-flaschen)**

Ort:
drinnen oder draußen

Das Ampelspiel

SOS Kinderdorf Freetown

Das Ampelspiel

Herkunftsland:
Sierra Leone

Teilnehmer:
ab 8 Spieler

Alter:
ab 3 Jahre

Material:
- **Stuhl**
- **je 1 Kartonscheibe Rot, Grün und Gelb bzw. Orange, etwa 24 cm Durchmesser**

Ort:
drinnen oder draußen

Für die erste Runde losen wir aus, wer von uns der Spielleiter und wer der Schiedsrichter wird. Der Spielleiter stellt sich mit den drei vorbereiteten Scheiben auf den Stuhl. Ein paar Schritte vor ihm bilden die Spieler eine Reihe, und der Schiedsrichter postiert sich so, daß er alle Teilnehmer genau beobachten kann.
Das Spiel selbst besteht darin, daß der Spielleiter jeweils eine Scheibe hochhält und zur gleichen Zeit laut den Namen der jeweiligen Farbe ruft. Zeigt er uns die grüne Kartonscheibe, so müssen wir einen Schritt vortreten; hebt er die rote, müssen wir einen Schritt rückwärts gehen, und bei der gelben (bzw. der orangefarbenen) müssen wir stehenbleiben.

Im Verlauf der Runde steigert der Spielleiter den Schwierigkeitsgrad: Am Anfang gibt er die Signale langsam, ähnlich wie eine richtige Verkehrsampel, und er läßt auf Grün stets Gelb und dann Rot folgen. Er erhöht dann das Tempo, bis sich die Farben einander rasend schnell ablösen, und – bei einem gewitzten Spielleiter – verändert sich auch die Reihenfolge.
Wer falsch reagiert, also zum Beispiel bei Grün stehenbleibt oder zurücktritt, der wird vom Schiedsrichter aus dem Spiel genommen. Gewonnen hat derjenige, der zum Schluß übrigbleibt. Dieser Teilnehmer darf sich dann für die folgende Runde aussuchen, ob er Spielleiter oder Schiedsrichter sein möchte.

Mutter, wie weit darf ich?

SOS Kinderdorf Lutjenburg

Wir losen aus, wer in der ersten Runde die Rolle der „Mutter“ übernimmt. Dann stellen wir uns ungefähr zehn Meter von einer Wand (oder Mauer) entfernt nebeneinander auf. Die „Mutter“ steht vor der Wand und kehrt uns den Rücken zu.

Ziel des Spieles ist es, sich Schritt für Schritt der Mutter zu nähern und sie schließlich abzuschlagen. Um an sie heranzukommen, stellen wir ihr reihum die Frage: „Mutter, darf ich?“, worauf sie mit einem „Nein“ oder aber mit einem „Ja“ antwortet. Wenn sie ja gesagt hat, muß sie auf die nächste Frage: „Wie viele Schritte denn?“ die Zahl und die Art der Schritte bennen, zum Beispiel: drei Mäuseschritte, ein Riesenschritt, sieben Froschsprünge und so weiter.

Um das Spiel etwas schwieriger zu gestalten, kann die Mutter auch einen Städtenamen nennen. Die Anzahl der Schritte ergibt sich dann aus der Silbenzahl. Wenn sie glaubt, daß wir zu dicht hinter ihr stehen, kann sie uns mit dem Kommando „rückwärts“ die genannte Anzahl von Schritten zurückzuschicken, .

Die Aufgabe der Mutter ist nicht leicht, weil wir sie zu täuschen versuchen: Wir verstellen unsere Stimme und sprechen leise, damit sie glaubt, wir seien weiter von ihr entfernt, als wir es tatsächlich sind.

Wenn die Mutter glaubt, daß jemand schummelt, dann ruft sie „Betrüger“. Hat sie recht, so muß das Kind von vorn beginnen, hat sie Unrecht, dann geht das Kind einen Schritt vor.

Mutter, wie weit darf ich?

Herkunftsland:
Deutschland

Teilnehmer:
5 bis 20 Spieler

Alter:
ab 6 Jahre

Material:
keins

Ort:
draußen

Es fliegt, es fliegt

SOS Kinderdorf Lekenik

Es fliegt, es fliegt

Herkunftsland:
Kroatien

Teilnehmer:
ab 5 Spieler

Alter:
ab 5 Jahre

Material:
- **mindestens 1 Pfand pro Spieler**
- **Stofftasche**

Ort:
drinnen oder draußen

Wir setzen oder stellen uns um einen Tisch herum und bestimmen einen Spielleiter. Dann beginnen wir, abwechselnd mit dem rechten und mit dem linken Zeigefinger auf die Tischplatte zu klopfen. Der Spielleiter nennt nun die Namen von Tieren, Maschinen oder Gegenständen, denen er immer das Wörtchen „Flieg" voran- und nachstellt. Zum Beispiel ruft er: „Flieg, Spätzchen, flieg". Handelt es sich dabei um etwas, das tatsächlich fliegen kann, dann heben wir alle die Hände. Ist das aber nicht der Fall, zum Beispiel bei „Flieg, Kühlschränkchen, flieg" dann lassen wir die Hände auf dem Tisch.

Jeder, der einen Fehler macht, muß sein Pfand in die vom Spielleiter bereitgestellte Tasche geben. Nach einer bestimmten Zeit oder nach einer festgelegten Anzahl von „Flügen" folgt der zweite Spielteil: Wir lösen unsere Pfänder ein.

Der Spielleiter nimmt ein Pfand in die Hand, ohne es jetzt schon aus der Tasche zu holen, und fragt irgendeinen der Teilnehmer: „Was soll der tun, dessen Pfand ich in meiner Hand halte?" Die Antwort könnte lauten: „Er soll ein Frühlingslied singen", oder „Er soll eine Minute lang auf einem Bein hüpfen" und so weiter. Jetzt nimmt der Spielleiter das Pfand aus der Tasche, und der Eigentümer muß die Aufgabe erfüllen, um sein Pfand wiederzubekommen. Manchmal spielen wir anstelle von „Es fliegt, es fliegt" „Es wächst, es wächst". Unsere Arme dürfen wir nur dann heben, wenn der Spielleiter etwas benennt, das wirklich wachsen kann.

Nenn eine Zahl

SOS Kinderdorf Lipa

Vor Spielbeginn losen wir aus, wer als erster die Rolle des Spielleiters übernimmt. Dann bilden wir je nach Teilnehmerzahl vier oder mehrere gleich große Mannschaften.

Der Spielleiter nennt irgendeine Zahl zwischen eins und fünfundzwanzig, und jede Mannschaft versucht, sich so aufzustellen, daß die Anzahl der Körperteile, die den Boden berühren, mit der genannten Zahl übereinstimmt. Gewinner ist dasjenige Team, dem dies am schnellsten gelingt.

Ein Beispiel. Ruft der Spielleiter „zehn", so brauchen die Mitglieder eines fünfköpfigen Teams nur ganz normal mit zwei Beinen auf dem Boden stehenzubleiben. Es kann aber auch lediglich ein Teilnehmer in dieser Stellung verharren, während drei seiner Mannschaftskameraden je ein Bein heben und der fünfte sich auf allen vieren niederläßt und darüber hinaus mit dem Kopf den Boden berührt.

Es geht natürlich auch so: Spieler 1 nimmt Spieler 2 Huckepack, Spieler 3 legt sich mit dem Rücken auf den Boden und streckt Arme und Beine in die Luft, Spieler 4 macht eine Brücke und Spieler 5 hockt sich und stützt sich mit beiden Händen ab.

Die Kombinationsmöglichkeiten sind unbegrenzt, jedoch: Die zu Beginn genannte Zahl 25 ist variabel. Aber der Spielleiter darf nie eine höhere Ziffer nennen als diejenige, die man erhält, wenn man die jeweilige Mannschaftsstärke mit fünf multipliziert.

Nenn eine Zahl

Herkunftsland:
Philippinen

Teilnehmer:
ab 21 Spieler

Alter:
ab 7 Jahre

Material:
keins

Ort:
drinnen oder draußen

Alle meine Entchen, kommt zu mir

SOS Kinderdorf Saar

Alle meine Entchen, kommt zu mir

Herkunftsland:
Deutschland

Teilnehmer:
6 bis 15 Spieler

Alter:
ab 4 Jahre

Material:
Kreidestück (Stöckchen)

Ort:
Turnhalle oder draußen

„Alle meine Entchen, kommt zu mir" ist ein beliebtes Fangspiel, das gern von kleinen Kindern gespielt wird. Wir markieren ein rechteckiges Spielfeld, dessen Größe von der Anzahl der Teilnehmer abhängt.
Ausgelost wird, wer in der ersten Runde die Entenmutter und wer der Wolf ist. Die anderen Spieler sind die Entchen. Die Entenmutter und die Entchen stellen sich an je einer Stirnseite des Spielfelds gegenüber auf. Der Wolf postiert sich auf Höhe der Mittellinie am Spielfeldrand.
Nun ruft die Entenmutter: „Alle meine Entchen, kommt zu mir."

Wir Entchen antworten: „Wir können nicht", und auf die Frage „Warum denn nicht?" erwidern wir: „Der Wolf steht vor der Tür." Daraufhin ruft die Entenmutter erneut: „Alle meine Entchen, kommt zu mir".
Jetzt laufen Entchen und Entenmutter zur gegenüberliegenden Spielfeldseite, während der Wolf uns jagt, um uns abzuschlagen und somit zu Wölfen zu machen. Sobald die Entenmutter und ihre entkommenen Kinder hinter den Stirnlinien in Sicherheit sind, beginnt das Spiel von vorn.
Die zu Wölfen gewordenen Entchen versuchen, ihre ehemaligen Freunde nun ebenfalls zu Wölfen zu machen. Wir spielen so lange weiter, bis nur noch ein Entchen übrig ist. Dieses wird in der nächsten Runde der Wolf. Das zuletzt geschnappte übernimmt die Rolle der Mutter.

„Fische im Netz"

Für dieses Fangspiel benötigen wir wiederum ein rechteckiges Feld.
Wir bilden zwei gleich große Mannschaften, von denen eine das „Netz" formt, indem die Mitspieler einander an den Händen festhalten. Beim „Fischfang" dürfen sie sich nicht loslassen. Das andere Team, die Fische, versucht, jeweils von einer Spielfeldseite zur anderen zu gelangen, wobei sie jedoch nicht unter unter den Armen der gegnerischen Mannschaft hindurchtauchen dürfen. Sie müssen sich rechts oder links am Netz vorbeischängeln. Fische, die ins Netz gehen, werden zu Netzspielern. Das „Hin- und Herschwimmen" wird so lange fortgeführt, bis entweder kein Fisch mehr übrig ist oder das Netz reißt. Als Riß gilt, wenn zwei (oder mehrere) Mitglieder des Netzteams die Hand ihres Nachbarn loslassen. In diesem Fall werden die Rollen getauscht, und die nächste Runde beginnt.

Katz und Maus

SOS Kinderdorf Siliana

Katz und Maus

Herkunftsland:
Tunesien

Teilnehmer:
- **ab 10 Spieler**
- **Spielleiter**

Alter:
4 bis 7 Jahre

Material:
keins

Ort:
Turnhalle oder draußen

Dieses Spiel, das wir „Katz und Maus" nennen, wird rund um den Erdball gespielt, am liebsten von Kindern im Kindergartenalter. Es hat so verschiedene Bezeichnungen wie zum Beispiel „Spinne und Fliege", so heißt es in **Paraguay**, und „Tiger und Ziege", so lautet der Name in **Bangladesh**.

Zunächst losen wir aus, wer die Katze und wer die Maus ist. Dann stellen wir anderen uns dazu im Kreis auf und fassen einander an den Händen. Zu Beginn des Spiels befindet sich die Maus in der Mitte des Kreises, außerhalb stehen der Spielleiter und die Katze.

Die Aufgabe der Katze besteht nun darin, die Maus innerhalb oder außerhalb des Kreises zu fangen. Das erschweren wir, indem wir verhindern, daß die Katze leicht in den Kreis hinein- und wieder herausschlüpfen kann.

Dazu stellen wir uns recht eng zusammen, schliessen die Beine, halten die Arme herunter und bewegen unsere Oberkörper. Aber der Maus helfen wir: Sie hat jederzeit an allen Stellen freien Durchgang.

Wenn die Katze die Maus in einer vorgegebenen Zeitspanne erwischt, übernimmt diese in der nächsten Runde die Rolle der Katze. Wenn es nicht gelingt, müssen wir auslosen, wer als nächster auf Mäusejagd gehen darf.

Der Spielleiter kann auch entscheiden, ob er der Maus oder Katze helfen will. Denn seine Zurufe, wie zum Beispiel: „Hände nach oben!" oder: „Beine weit auseinander!", müssen wir befolgen.

Kokla Chupaki

u.a. SOS Kinderdorf Madras

Hinter dem Namen „Kokla Chupaki“, der für die meisten deutschen Leser sicherlich recht exotisch klingt, verbirgt sich nichts anderes als das bekannte Spiel „Der Plumpsack geht um“. Zunächst losen wir aus, wer in der ersten Runde die Rolle des Plumpsacks übernimmt. Dann sitzen oder stehen wir möglichst eng nebeneinander im Kreis.

Der Plumpsack geht immer in einer Richtung um den Kreis herum und hält das Taschentuch in einer Hand. Nach einer Weile läßt er es hinter irgendeinem Spieler heimlich auf den Boden fallen. Bemerkt dieser es nicht, bevor der Plumpsack erneut bei ihm vorbeikommt, so wird der Spieler der neue Plumpsack. Sobald ein Teilnehmer aber das Tuch hinter sich entdeckt, hebt er es schnell auf und läuft dem Plumpsack geschwind hinterher, um ihn abzuschlagen. Schafft er das, ist der Plumpsack erneut an der Reihe. Gelingt es diesem jedoch, den frei gewordenen Platz rechtzeitig einzunehmen, wird der glücklose Verfolger der Plumpsack der nächsten Runde.

Die Kinder in Indien haben übrigens keinen Spruch, den der Plumpsack ständig aufsagt. In Deutschland ist es üblich, daß der Plumpsack während seines Rundganges um den Spielerkreis folgende Sätze spricht: „Dreht euch nicht um, der Plumpsack geht um. Wer sich umdreht oder lacht, dem wird der Buckel blau gemacht!“

Kokla Chupaki

Herkunftsland:
Indien

Teilnehmer:
10 bis 15 Spieler

Alter:
4 bis 8 Jahre

Material:
verknotetes Taschentuch

Ort:
Turnhalle oder draußen

Räuber und Gendarm

Herkunftsland:
Nepal

Teilnehmer:
ab 15 Spieler

Alter:
ab 6 Jahre

Material:
- Trillerpfeife
- Kreidestück (Stöckchen)

Ort:
draußen

Kästchenfangen

Herkunftsland:
Liberia

Teilnehmer:
- 2 gleich große Mannschaften à 3 Spieler
- Schiedsrichter

Alter:
ab 4 Jahre

Material:
- Kreidestück (Stöckchen)
- Teamkennzeichen

Ort:
draußen

Räuber und Gendarm

u. a. SOS Kinderdorf Itahari

Der Spielleiter klärt, ob ein Räuber durch ein-, zwei- oder durch dreimaliges Abschlagen gefangengenommen wird. Dann bilden wir zwei gleich große Gruppen – die Räuber und die Gendarmen. Diese markieren auf dem Boden einen Kreis, das Gefängnis, dessen Größe sich nach der Anzahl der Spieler richtet.
Der Spielleiter gibt durch einen Pfiff das Signal für die erste Runde.
Die Räuber nehmen sofort Reißaus und laufen in alle Richtungen fort, während die Gendarmen versuchen, sie durch Abschlagen einzufangen. Ein geschnappter Räuber muß sich ohne Gegenwehr ins Gefängnis bringen lassen.
Die freien Räuber dürfen ihre eingesperrten Kameraden jedoch befreien. Dazu schleichen sie sich unbemerkt an das Gefängnis heran, oder sie rennen so schnell wie möglich dorthin, um die Insassen freizuschlagen, ehe ein Gendarm sie dabei erwischt.
Für die Befreiung von Gefangenen ist dieselbe Anzahl von Schlägen erforderlich, die auch für die Verhaftung gilt. Außerdem muß der Räuber, der einen anderen aus dem Gefängnis holt, außerhalb der Kreislinie bleiben. Das überwacht der Spielleiter genau. Wenn dagegen verstoßen wird, gilt die Fluchthilfe als gescheitert.
Wir spielen so lange, bis alle Räuber gefangen sind, oder wir keine Lust mehr haben. Dann werden die Rollen getauscht, und eine neue Runde beginnt.

Kästchenfangen

SOS Kinderdorf Monrovia

Jede Mannschaft wählt einen Kapitän. Nun malen wir ein rechteckiges Spielfeld (siehe rechte Seite) auf den Boden. Dabei gilt es dreierlei zu beachten:
1. Die Anzahl der waagerechten Korridore muß der Mitgliederzahl eines Teams entsprechen.
2. Die zur Linken und zur Rechten des senkrechten Korridors gelegenen Kästchen sollten so groß sein, daß sie einem Eindringling Schutz bieten.
3. Die untere und die obere Stirnseite des Spielfelds werden jeweils mit einem Zeichen als Grund- und als Ziellinie markiert.
Nachdem wir ausgelost haben, welche Mannschaft die Rolle der Wächter übernimmt, begeben sich die Eindringlinge vor die Grundlinie. Jeder Wächter stellt sich in je einen waagerechten Korridor, den er nicht verlassen darf. Der Kapitän betritt bei Bedarf auch den senkrechten Korridor.
Die Eindringlinge versuchen nun, im Schutz der Kästchen von der Grund- zur Ziellinie und zurück zu gelangen, ohne sich dabei von den Wächtern abschlagen zu lassen oder auf einen der Kreidestriche zu treten. Wenn ein Eindringling das schafft, bekommt seine Mannschaft einen Punkt. Das gilt auch, wenn ein Wächter ein Kästchen oder die Umrandung betritt. Bleiben die Eindringlinge aber erfolglos, geht der Punkt an die Wächter, die sich nun ihrerseits als Eindringlinge versuchen. Sieger wird das Team, das den höchsten Punktestand hat.

Das Huhn und die Raupe

SOS Kinderdorf Ait Ourir

Das Huhn und die Raupe

Herkunftsland:
Marokko

Teilnehmer:
6 bis 10 Spieler

Alter:
ab 5 Jahre

Material:
keins

Ort:
draußen

Bis auf einen Teilnehmer stellen wir anderen uns für dieses Fangspiel in einer Reihe hintereinander auf, um eine Raupe zu bilden. Dazu fassen wir unseren Vordermann an den Hüften oder an den Schultern oder reichen einander die Hände.

Der einzelne Spieler, der frei herumlaufen darf, übernimmt die Rolle des Huhns und versucht nun, die Raupe vom Schwanz her Stück für Stück zu „verschlingen". Dazu muß er das jeweils letzte Kind der Raupe abschlagen. Reißt die Raupe im Verlauf eines ihrer Ausweichmanöver auseinander, darf sich das Huhn den gesamten abgerissenen Teil holen, das bedeutet, daß diese Spieler in dieser Runde aussetzen müssen. Das Spiel geht so lange weiter, bis die Raupe vollständig „aufgefressen" ist.

Schlange

Eine lustige Variante zu „Das Huhn und die Raupe" ist ein Spiel namens „Schlange". Der entscheidende Unterschied besteht darin, daß keiner von uns frei herumlaufen darf, sondern wir alle eine Schlange bilden, indem wir uns – wie oben beschrieben – an unserem Vordermann festhalten. Das so enstehende Reptil soll sich nun in den eigenen Schwanz beißen: Dazu versucht das vorderste Kind, der Schlangenkopf, den letzten Spieler, das Schwanzende, zu berühren. Hat es das geschafft, schließt es sich hinten an, und der nächste „Kopf" versucht sein Glück. Reißt die Schlange entzwei, wird der abgetrennte Teil angesetzt.

Wer erwischt das Tuch?

u. a. SOS Kinderdorf „La Cañada"-Maracaibo

Je nach Anzahl der Teilnehmer malen wir ein ausreichend großes Spielfeld auf, das wir durch eine Mittellinie in zwei Hälften teilen.
Dann verabreden wir, wie viele Runden gespielt werden. Nun bilden wir zwei gleich große Mannschaften, und jede stellt sich an einer Stirnseite des Felds in einer Reihe auf. Der Spielleiter plaziert sich mit dem Tuch in der Hand genau auf der Mittellinie.
Sobald er mit dem Tuch winkt, stürmt von jeder Reihe ein beliebiger Teilnehmer los, um ihm das Tuch als erster zu entreißen und siegreich an seinen Platz zurückzukehren, ohne sich dabei von seinem Gegenspieler abschlagen zu lassen. Gelingt es ihm, erhält sein Team einen Punkt; schafft er es nicht, geht der Punkt an die Gegner. Sieger wird diejenige Partei, die die meisten Punkte erringen kann.

Spielregeln aus den USA
Bei den Kindern in den Vereinigten Staaten erhält jeder Teilnehmer der beiden Mannschaften je eine Nummer – vom äußeren linken Kind durchgezählt bis zum äußeren rechten. Der Spielleiter legt das Tuch auf die Mittelinie des Spielfelds, ruft eine Zahl auf, und die beiden Kinder laufen los, um das Tuch zu ergreifen. Wer es als erster hat, wird vom Gegner verfolgt.
Falls aus taktischen Gründen keiner von beiden das Tuch als erster aufheben will, darf der Spielleiter sie auszählen. Dann schickt er sie an ihren Platz zurück, weil sie das Spiel verweigert haben, und ruft eine neue Zahl auf. Der Sieg geht an das Team, das als erstes 21 Punkte hat.

Wer erwischt das Tuch?

Herkunftsland:
Venezuela

Teilnehmer:
- **ab 10 Spieler**
- **Spielleiter**

Alter:
8 bis 14 Jahre

Material:
- **großes Hand- oder Taschentuch**
- **Kreidestück**

Ort:
Turnhalle oder draußen

Tag oder Nacht

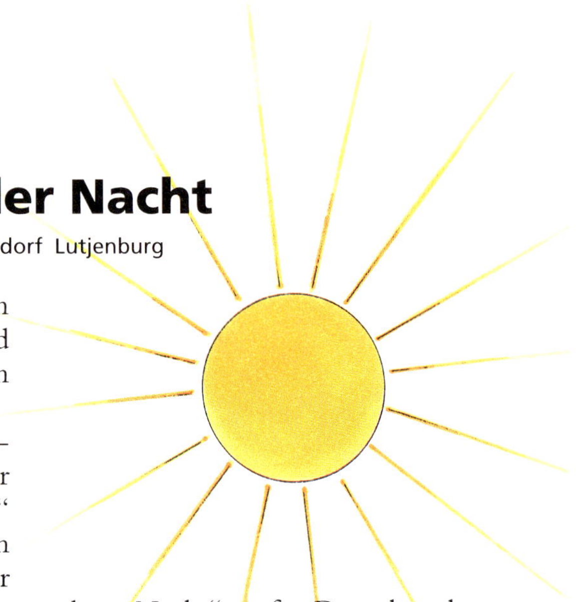

SOS Kinderdorf Lutjenburg

Tag oder Nacht

Herkunftsland:
Deutschland

Teilnehmer:
- **ab 20 Spieler**
- **Spielleiter**

Alter:
ab 6 Jahre

Material:
- **Kreidestück**
- **1 Pappscheibe mit einer weißen und einer schwarzen Seite**
- **Teamkennzeichen**

Ort:
Turnhalle oder draußen

Je nach Anzahl der Teilnehmer malen wir ein ausreichend großes Spielfeld auf, das wir durch eine Mittellinie in zwei Hälften teilen.

Wir bilden zwei gleich große Mannschaften und nennen sie entweder „Tag“ oder „Nacht“ oder „Schwarz“ oder „Weiß“. Rücken an Rücken mit dem Gegner stellt, setzt oder kniet sich jedes Team entlang der Mittellinie in einer Reihe hin.

Auf das Kommando des Spielleiters muß eine der Mannschaften nun versuchen, blitzschnell zur eigenen Ziellinie zu gelangen, ohne vorher vom gegnerischen Team abgeschlagen zu werden.

Vor dem Start herrscht stets große Spannung, da keine der Mannschaften im voraus weiß, wer zum Läufer und wer zum Verfolger wird. Das entscheidet sich erst durch das Kommando des Spielleiters, der „Tag“ oder „Nacht“ ruft. Das aber bestimmt er nicht selbst, sondern er wirft die Pappscheibe (oder einen anderen flachen Gegenstand) in die Luft. Wenn dieser auf den Boden gefallen ist, ruft er das Team auf, dessen Farbe nach oben zeigt. Dieses versucht nun, blitzschnell zur eigenen Feldlinie zu gelangen, ohne sich vom Gegner abschlagen zu lassen. Diejenigen, die das nicht schaffen, verlassen das Feld. Das Spiel wird so oft wiederholt, bis alle Mitglieder einer Mannschaft ausgeschieden sind.

Der Froschteich

SOS Kinderdorf Schleswig-Holstein

Wir malen einen Kreis von mindestens acht Metern Durchmesser auf, das ist die Wiese. Außerhalb der Markierung befindet sich der Fluß. In der Mitte der Wiese kennzeichnen wir einen kleinen Kreis, den Teich.
Dann bestimmen wir drei Störche; wir anderen Kinder sind die Frösche und gehen in den Teich. Von hier aus versuchen wir, über die Wiese zum sicheren Fluß zu gelangen. Das aber wollen die hungrigen Störche verhindern, indem sie die Frösche durch Abschlagen „auffressen". Gelingt das einem von ihnen, so tauschen wir die Rollen, und die Störche werden zu Fröschen und so weiter.

Oder wir verabreden, daß wir so lange spielen, bis die Störche alle Frösche gefressen haben. Erst dann bestimmen wir drei neue Störche, und das Spiel geht von vorn los.
Besonders lustig ist es, wenn die Frösche hüpfen müssen und die Störche nur staksen dürfen.

Spielregeln aus Honduras

Ein ähnliches Spiel ist „Der Astronaut": Dafür malen wir einen großen Kreis, das Weltall, und einen kleinen in der Mitte, die Mondumlaufbahn. Alle Kinder halten sich im Weltall auf, und der Mondspieler versucht, auf seine Umlaufbahn zu gelangen, ohne sich von den hüpfenden Astronauten abschlagen zu lassen. Wem von ihnen das gelingt, der ist in der nächsten Runde der Mond.

Der Froschteich

Herkunftsland:
Deutschland

Teilnehmer:
ab 8 Spieler

Alter:
ab 5 Jahre

Material:
•Kreidestück (Stöckchen

Ort:
draußen

Großvaters Teelöffel

SOS Kinderdorf Vari

Großvaters Teelöffel

Herkunftsland:
Griechenland

Teilnehmer:
5 Spieler

Alter:
5 bis 12 Jahre

Material:
keins

Ort:
im Zimmer

Zunächst räumen wir alle Möbel beiseite, an denen wir uns stoßen könnten. Dann fassen wir einander an den Händen und gehen oder laufen wie beim Ringelreihen im Kreis herum. Dabei sagen wir dreimal hintereinander „Großvaters Teelöffel, eins, zwei, drei". Nach dem dritten Mal spurten wir los und versuchen, jeweils eine Zimmerecke zu besetzen. Der Spieler, der das nicht schafft, fragt nun einen von uns: „Wo sind Großvaters Teelöffel?" Auf dieses Stichwort hin müssen wir die Zimmerecken untereinander tauschen. Dadurch hat der fünfte Spieler nun die Chance, in eine Ecke zu gelangen. Schafft er das, dann bilden wir wieder einen Kreis und beginnen das Spiel von vorn. Gelingt es ihm nicht, so muß er erneut ein anderes Kind fragen, wo Großvaters Teelöffel sind.

Spielregeln von den Philippinen:
Ein ähnliches Spiel ist „Obstkörbchen". Alle Teilnehmer bis auf einen sitzen in einem Stuhlkreis zusammen und bekommen jeweils den Namen einer Obstsorte zugeteilt. Ruft der in der Mitte stehende Spieler nun etwa „Apfel und Banane", so müssen die beiden entsprechenden Kinder die Plätze tauschen. Sagt er aber: „Das Obstkörbchen ist umgekippt", müssen alle die Stühle wechseln. Gelingt es dem Spieler in der Mitte, sich auf einen der frei gewordenen zu setzen, übernimmt er den Obstnamen des Kindes, das nun keinen Platz mehr hat und zum neuen Ausrufer wird. Schafft es der Spieler nicht, dann versucht er sein Glück ein weiteres Mal.

Krähen auf dem Acker

u.a. SOS Kinderdorf Tapiolan

Vor Spielbeginn umfassen wir nacheinander den Stab mit den Händen, indem das erste Kind ganz unten anfängt und wir anderen ohne Lücke aufschließen, bis die Hände aller Spieler das Holz umfangen. Dann setzen wir die jeweils untere so lange auf die obere, bis einer von uns das Ende des Stabs erreicht. Er ist der Bauer, das heißt der Fänger, und wir anderen spielen die Krähen.
Der Bauer sagt, wo die Grenzen seines Ackers (des Spielfelds) verlaufen, und bewacht ihn. Außerhalb suchen sich alle Krähen Nistplätze, die sie mit Tüchern oder Mützen kennzeichnen, und kauern sich dort hin.
Sobald der Bauer irgendwo auf seinem Acker eingeschlafen ist, „fliegen" die Krähen auf sein Feld und krächzen dabei wie im Chor: „Wir picken dem Bauern alle Körner weg, Körner weg, Körner weg..."
Davon schreckt der Bauer aus seinem Schlummer auf und beginnt, die Krähen zu jagen. Durch Abschlagen mit der flachen Hand macht er sie flugunfähig, das heißt sie spielen nicht weiter mit. Krähen, die das eigene Nest erreichen, dürfen nicht mehr abgeschlagen werden.

Der Bauer schläft jetzt wieder ein. Die Krähen fliegen erneut los, wecken ihn mit ihrem Krächzen auf und werden gejagt. Das alles wiederholt sich so lange, bis sämtliche Krähen abgeschlagen sind. Diejenige, die als letzte erwischt wird, ist in der nächsten Runde der Bauer.

Krähen auf dem Acker

Herkunftsland:
Finnland

Teilnehmer:
ab 4 Spieler

Alter:
ab 5 Jahre

Material:
- **langer Holzstab**
- **Tücher (Mützen)**

Ort:
draußen

Flitzende Fische

u.a. SOS Kinderdorf Calais

Flitzende Fische

Herkunftsland:
Frankreich

Teilnehmer:
2 bis 3 Spieler

Alter:
ab 6 Jahre

Material:
- **Brett mit glatter Oberfläche (Tisch), mindestens 1 m lang, etwa 20 cm breit**
- **Kreppband**
- **1 Bogen Tonpapier pro Spieler**
- **Schere**
- **1 Strohhalm (Fächer, Kartonstück) pro Spieler**
- **Stoppuhr**

Ort:
drinnen oder draußen bei Windstille

Bevor das Spiel beginnt, schneiden wir für jeden Teilnehmer aus dem Tonpapier (oder aus Zeichenkarton) einen Fisch aus. Dann biegen wir dessen Kopf und Schwanz leicht nach oben, damit der Fisch nicht flach auf der „Schwimmstrecke" aufliegt.

Für den „Rennkurs" legen wir das Brett auf eine kniehohe Unterlage. Bei mehreren Brettern stellen wir diese in einem genügend großen Abstand parallel zueinander auf. Die Schwimmstrecke für unsere Fische markieren wir mit Kreppband.

Ziel des Spieles ist, die Fische von einem Ende der Schwimmstrecke ans andere flitzen zu lassen, indem wir sie entweder mit dem Strohhalm vor uns herpusten – ohne sie zu berühren – oder dadurch antreiben, daß wir ihnen mit einem Fächer oder einem Stück Karton Luft zuwedeln. Wir dürfen uns so tief über die Bretter beugen, wie wir wollen, solange wir die anderen Spieler nicht behindern.

Fische, die während des Schwimmens auf den Boden fallen oder mit dem ganzen Körper außerhalb der Kreppmarkierung liegen, müssen von vorn beginnen. Gewinner ist, wer seinen Fisch als erster ins Ziel bringt.

Wenn wir auf nur einer Rennstrecke spielen, werden die Zeiten gestoppt.

Biruri

SOS Kinderdorf Nairobi

Für dieses Spiel benötigen wir einen massiven Holzkreisel. Wenn wir keinen haben, lassen wir ihn uns am besten von einem Erwachsenen aus einem runden Stück Hartholz schnitzen. Der Kreisel sollte einen Durchmesser von sechs bis acht Zentimetern haben und mindestens zehn Zentimeter lang sein.

Die sogenannte Peitsche können wir auch selbst herstellen. Dazu binden wir den dicken Strang Sisalfasern an den dünnen Stab. Die für jeden der Teilnehmer günstigste Dicke des Strangs und die Länge müssen wir durch Ausprobieren herausfinden.

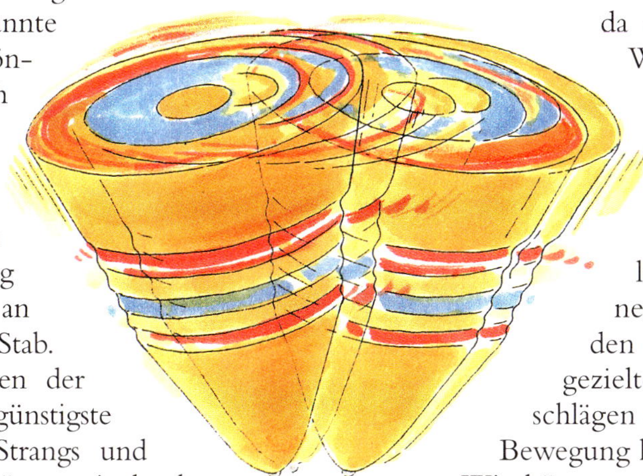

Schon das „Anwerfen" des Kreisels ist eine Kunst für sich. Damit wir ihn in Schwung bringen können, wickeln wir um seinen zylindrischen Teil den Sisalstrang unserer Peitsche. Dann setzen wir den Kreisel mit der Spitze auf den Boden und halten ihn mit einer Hand fest, während wir mit der anderen die Peitsche mit einem scharfen Ruck nach hinten ziehen.

Am Anfang sind sehr viele Versuche nötig, ehe es gelingt, dem Kreisel den erforderlichen Schwung zu verleihen. Aber Übung macht da den Meister! Wer das „Anwerfen" einmal richtig kann, der wird über kurz oder lang auch lernen, wie man den Kreisel mit gezielten Peitschenschlägen in konstanter Bewegung hält.

Wir können „Biruri" auch zu zweit oder zu mehreren gegeneinander spielen. Gewinner ist derjenige, dessen Kreisel sich am längsten dreht oder dessen Kreisel die anderen – im wahrsten Sinne des Wortes – k.o. schlägt.

Biruri

Herkunftsland:
Kenia

Teilnehmer:
ab 1 Spieler

Alter:
ab 6 Jahre

Material:
- **Holzkreisel**
- **dünner Stab, etwa 30 cm lang**
- **Strang Sisalfasern, etwa 30-50 cm lang**
- **Bindfaden**

Ort:
draußen

Jaegi-Chagi

SOS Kinderdorf Daegu

Jaegi-Chagi

Herkunftsland:
Korea

Teilnehmer:
2 Spieler

Alter:
ab 8 Jahre

Material:
- **Unterlegscheibe (Metall) etwa dick, etwa 2,5 cm Durchmesser**
- **pro Spieler 1 quadratisches Stück Origami-Papier, 30 x 30 cm**
- **Nadel**
- **Schere**

Ort:
drinnen oder draußen

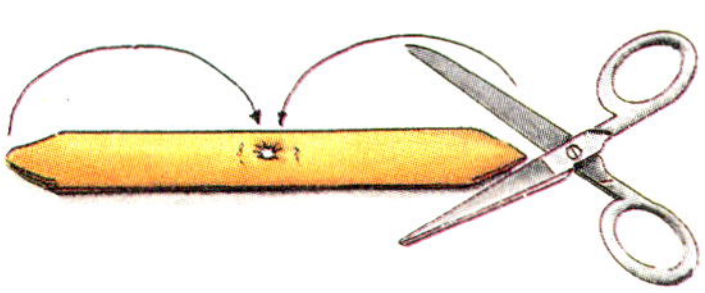

Jaegi-Chagi (sprich: „Dschägi-Tschagi“) ist ein populäres koreanisches Geschicklichkeitsspiel. Bei uns wird es fast ausschließlich von Jungen gespielt, aber es spricht überhaupt nichts dagegen, daß auch Mädchen daran teilnehmen.

Bevor wir mit dem Spiel beginnen, muß sich jeder von uns ein „Jaegi“ basteln. Das ist ganz einfach, und außerdem helfen die drei kleinen Zeichnungen, die links abgebildet sind.

Und so entsteht ein Jaegi:

Wir legen die Unterlegscheibe am unteren Papierrand in die Mitte und falten sie mit zehn oder zwölf gleich großen Knicken so in den Papierbogen ein, daß ein Papierstreifen entsteht. Die Enden schneiden wir spitz zu. Dann stechen wir mit einem spitzen Gegenstand die Enden des Papierstreifens durch das Loch der eingewickelten Unterlegscheibe und ziehen die Streifen hindurch.

Zum Schluß reißen oder besser schneiden wir das Papier in möglichst dünne Streifen. Jetzt ist unser Jaegi einsatzbereit.

Zum Spielen halten wir das Jaegi an den Papierstreifen mit Daumen und Zeigefinger an den Papierstreifen über einen Fuß und kicken es in die Luft. Das versuchen wir so oft wie möglich zu wiederholen, ohne den Fuß aufzusetzen und das Jaegi auf den Boden fallen zu lassen. Dabei zählen wir laut mit, wie viele Male das gelingt. Der Gewinner ist derjenige, der die höchste Zahl erreicht.

Wenn sich mehrere Paare an einem Wettbewerb beteiligen, spielen jeweils die Gewinner gegeneinander, bis zum Schluß ein Sieger übrigbleibt.

Bolero

u.a. SOS Kinderdorf Hohenau

Bolero wird nicht nur bei uns in Paraguay, sondern nahezu überall in Südamerika gespielt. Je nach Land trägt das Spielzeug einen anderen Namen. So heißt es zum Beispiel in Venezuela „Perinola“. In Deutschland kann man es in guten Spielzeuggeschäften kaufen oder man stellt es sich selbst her.

Ein Bolero besteht aus einer Holzkugel mit einer Öffnung, die so groß sein muß, daß das Holzstäbchen genau hineinpaßt. Beide Teile sind durch eine Schnur miteinander verbunden.

Wenn wir Lust haben, uns mit ganz einfachen Mitteln ein Spielzeug wie den Bolero selbst zu basteln, dann nehmen wir zum Beispiel den Kunststoffring einer Rolle Klebeband, oder wir verwenden einen Kartonring, zum Beispiel von einer Rolle Isolierband.

Dann binden wir einen Bleistift mit einem Stück Bindfaden am Ring fest. Wenn uns das Spiel mit dieser recht großen Öffnung zu einfach wird, umwickeln wir den Ring mit Bindfaden. Dieses Spielzeug sieht zwar nicht so elegant aus wie ein gekauftes, erfüllt aber denselben Zweck.

Das Spiel besteht darin, daß wir das Holzstäbchen eines Boleros in der Hand halten, die Kugel mit einem Ruck in die Luft schleudern und sie mit dem Stäbchen wieder auffangen. Es ist gar nicht so einfach, die Kugel so geschickt hochzuwerfen, daß die Öffnung beim Herunterfallen genau auf die Spitze des Stäbchens trifft.

Spielen wir zu zweit oder zu dritt, wechseln wir uns beim Werfen reihum ab. Sieger einer Spielrunde ist derjenige, der die wenigsten Versuche benötigt, um die Kugel mit dem Stäbchen aufzufangen.

Wenn wir geübt sind, zählen wir, wie viele Male hintereinander es jeder schafft, die Kugelöffnung auf dem Stäbchen landen zu lassen.

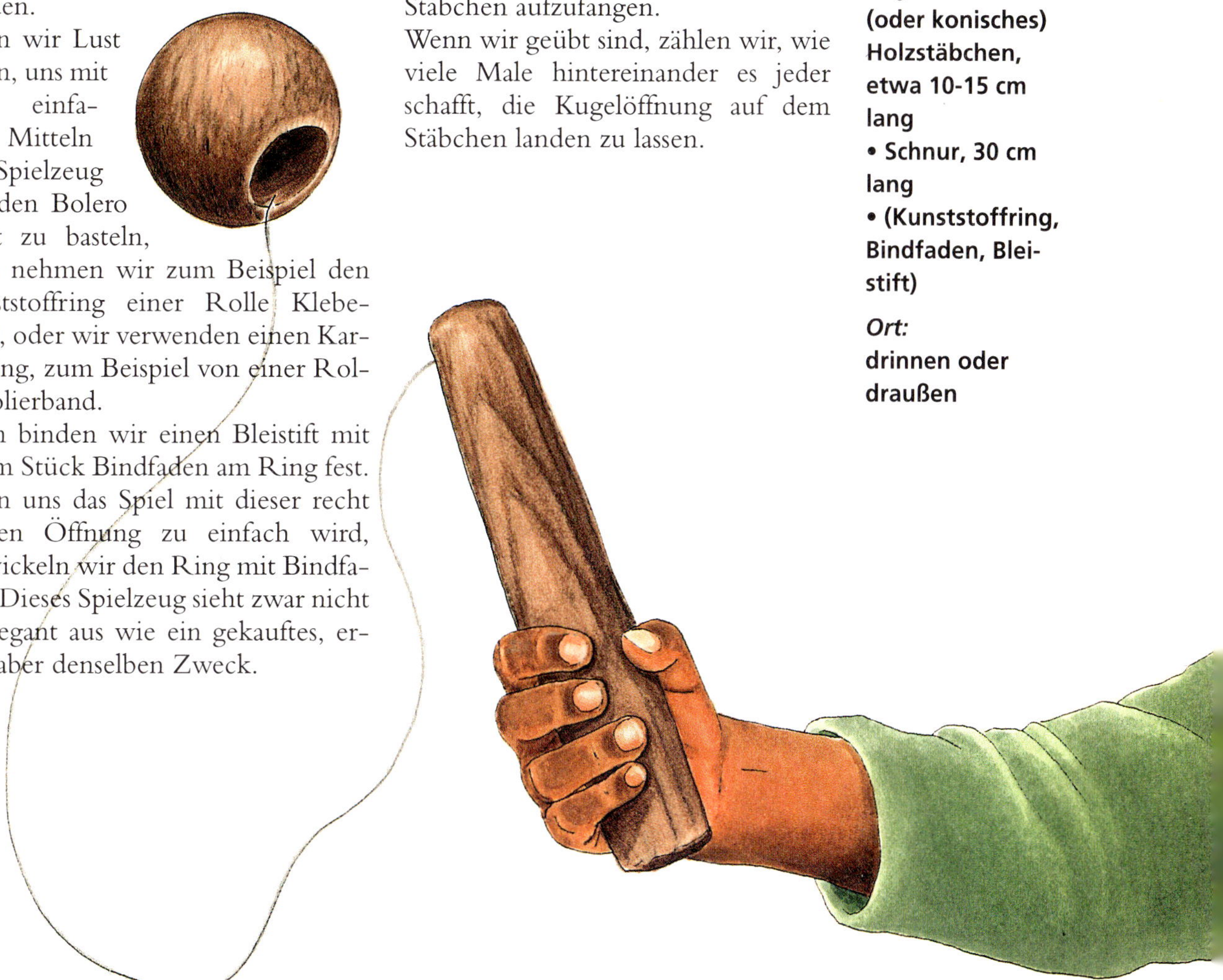

Bolero

Herkunftsland:
Paraguay

Teilnehmer:
ab 1 Spieler

Alter:
ab 6 Jahre

Material:
- **Holzkugel, etwa 5 cm Durchmesser, mit einer zylindrischen Öffnung**
- **zylindrisches (oder konisches) Holzstäbchen, etwa 10-15 cm lang**
- **Schnur, 30 cm lang**
- **(Kunststoffring, Bindfaden, Bleistift)**

Ort:
drinnen oder draußen

Hito

u.a. SOS Kinderdorf San Lorenzo del Escorial

Hito

Herkunftsland:
Spanien

Teilnehmer:
ab 2 Spieler

Alter:
ab 10 Jahre

Material:
• zylindrisches Stück Holz, etwa 5-10 cm lang, etwa 3 cm Durchmesser
• viele Münzen (Unterlegscheiben aus Metall)
• rundes Stück Ziegel
• Kreidestück (Stöckchen)

Ort:
draußen

Hito wird sowohl in Spanien als auch in den Ländern Lateinamerikas sehr gern gespielt.

Um uns „Hito“ selbst herzustellen, schnitzen wir ein Stück Holz zylindrisch zu. Sein Durchmesser ist ungefähr drei Zentimeter und seine Länge etwa fünf bis zehn Zentimeter. Dabei müssen wir darauf achten, daß wir das untere und das obere Ende des Hitos gerade abschneiden, damit das Holz auf dem Boden stehen kann.

Außerdem brauchen wir ein rundes Stück Ziegel, das etwa einen halben Zentimeter dick ist und einen Durchmesser von acht bis zehn Zentimetern hat. Wir können natürlich auch einen entsprechend geformten Stein verwenden. Wichtig ist nur, daß unser Wurfgeschoß schwer ist und gut in der Hand liegt. Jetzt benötigen wir nur noch eine Handvoll kleiner Münzen oder Unterlegscheiben, und das Spiel kann beginnen.

Nun zeichnen wir einen Kreis auf den Boden, stellen in die Mitte das Holzstück und schichten obenauf einige Münzen übereinander.

Jetzt bestimmen wir einen Punkt, von dem aus wir nacheinander versuchen, mit unserem Wurfgeschoß das Hito aus dem Kreis hinauszukatapultieren. Dabei sollen jedoch das Stück Ziegel und so viele Münzen wie möglich innerhalb des Kreises liegenbleiben. Wer das schafft, der darf sich die drei Münzen nehmen, die dem Wurfgeschoß am nächsten liegen. Dann kommt der nächste von uns an die Reihe.

Umkehren lassen

SOS Kinderdorf Kecskemét

Bei diesem Lauf-Geschicklichkeits-Spiel kommt es vor allem auf eine rasche Beobachtungsgabe und auf Reaktionsschnelligkeit an. Wer von uns in der ersten Runde der Spielleiter ist, losen wir aus.

Wir markieren ein rechteckiges Spielfeld, dessen Größe davon abhängt, wieviele Teilnehmer wir sind. Dann stellen wir uns alle in der Mitte des Feldes auf.

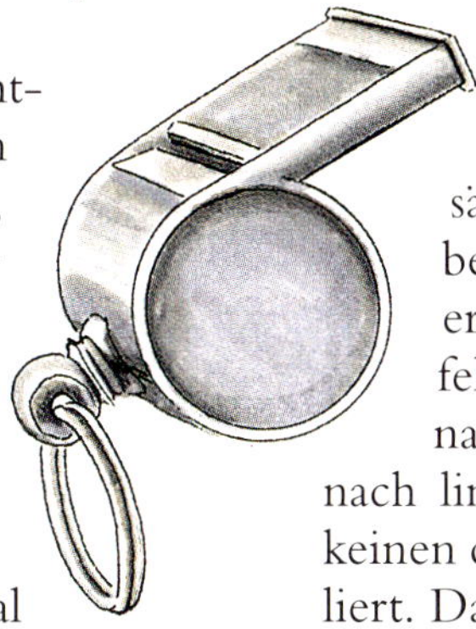

Das Spiel beginnt mit einem Pfiff des Spielleiters. Sobald dieses Signal ertönt, laufen wir so schnell wie möglich in beliebiger Richtung auf eine der Außenlinien zu. Die Aufgabe des Spielleiters ist es nun, uns daran zu hindern, diese Linien zu erreichen, das heißt, sie mit beiden Füßen zu betreten.

Das kann der Spielleiter zwar relativ leicht unterbinden, da wir bei jedem Pfiff aus seiner Trillerpfeife sofort umkehren und in die entgegengesetzte Richtung laufen müssen. Aber grundsätzlich braucht er dazu schon beträchtliches Geschick. Denn er bleibt in der Mitte des Spielfeldes und blickt sich ständig nach vorn, nach hinten sowie nach links und rechts um, damit er keinen der Läufer aus den Augen verliert. Das Spiel ist in dem Augenblick zu Ende, in dem nur ein einziger von uns eine der Begrenzungslinien erreicht hat. Dieser Spielteilnehmer wird in der nächsten Runde der neue Spielleiter.

Umkehren lassen

Herkunftsland:
Ungarn

Teilnehmer:
ab 10 Spieler

Alter:
ab 10 Jahre

Material:
Trillerpfeife

Ort:
Turnhalle oder draußen

Das Kleinod

u.a. SOS Kinderdorf Granada

Das Kleinod

Herkunftsland:
Spanien

Teilnehmer:
ab 12 Spieler

Alter:
ab 6 Jahre

Material:
Ring (Münze oder Knopf)

Ort:
drinnen oder draußen

Bis auf den Spieler setzen wir uns im Kreis auf den Boden und strecken unsere Hände – Innenfläche an Innenfläche – nach vorn.

Der Spieler steht in der Kreismitte, hält den Ring in seinen Händen verborgen und geht von einem Kind zum nächsten. Bei jedem von uns tut er so, als gäbe er ihm das „Kleinod“, indem er mit seinen Händen vorsichtig durch unsere fährt. Schließlich läßt er es wirklich bei einem Kind so in die Hände gleiten, daß wir anderen möglichst nichts davon merken. Dazu singen oder sprechen wir alle einen Abzählreim. Wenn er beendet ist, fragt der Spieler einen von uns, wer das Kleinod hat. Gibt der Befragte eine richtige Antwort, kommt er in die Mitte, und das Spiel beginnt von neuem. Nennt er aber einen falschen Namen, dann ist der „Ringbesitzer“ an der Reihe.

Ringsuchen

Für ältere Kinder empfiehlt sich diese interessante Variante: Wir befestigen einen Vorhangs- oder einen Schlüsselring an einem Faden.

Bis auf den Spieler in der Kreismitte setzen wir anderen uns auf den Boden. Hinter unseren Rücken reichen wir dann den Ring zügig von einer Hand zur anderen weiter, und der Spieler in der Mitte muß herausfinden, bei wem der Ring gerade ist. Meint er es zu wissen, dann deutet er auf ein Kind. Sofort strecken wir alle unsere geöffneten Hände nach vorn. Hat er richtig geraten, kommt der „Ertappte“ in die Kreismitte, hat er sich getäuscht, ist er selbst noch einmal an der Reihe.

Husch, husch, Farbe

SOS Kinderdorf Beau Bassin

Vor Spielbeginn legen wir die Gegenstände nebeneinander auf den Boden oder auf einen Tisch. Dann losen wir aus, wer in der ersten Runde der Spielleiter ist.

Jetzt bilden wir einige Meter von den Gegenständen entfernt einen Kreis und nehmen den Spielleiter in die Mitte. Nun sagt er: „Husch, husch, Farbe." Darauf fragen wir ihn im Chor: „Welche denn?" Sobald er eine Farbe genannt hat, spurten wir los und suchen einen entsprechenden Gegenstand, mit dem wir dann zu unserem Platz zurücklaufen. Wer mit leeren Händen kommt, scheidet aus. Sieger und damit Spielleiter der nächsten Runde wird derjenige, der übrigbleibt.

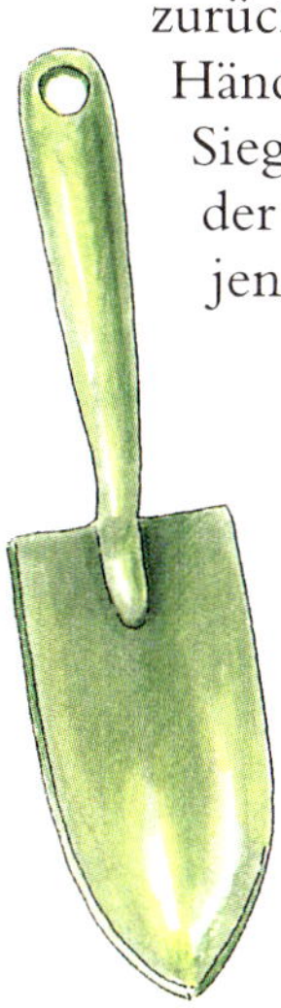

Wenn wir die Farben schon gut kennen, dann gestalten wir das Spiel schwieriger: Wir verteilen die zu suchenden Gegenstände kreuz und quer im Zimmer oder draußen, indem wir sie so plazieren, daß sie nicht auf den ersten Blick zu finden sind.

Spielregeln aus Italien

Wir verstecken keine Gegenstände, sondern der Spielleiter nennt eine beliebige Farbe. Daraufhin rennen alle Teilnehmer los und versuchen, einen entsprechenden Gegenstand zu finden und ihn zu berühren, bevor der Spielleiter sie abschlagen kann. Sieger und Spielleiter der nächsten Runde ist derjenige, der als erster übrigbleibt.

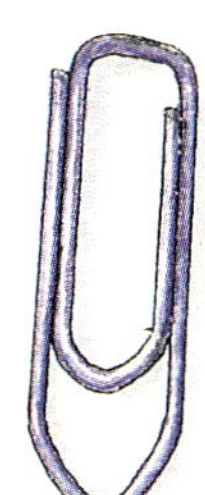

Husch, husch, Farbe

Herkunftsland:
Mauritius

Teilnehmer:
ab 3 Spieler

Alter:
ab 4 Jahre

Material:
viele verschiedenfarbige Gegenstände

Ort:
drinnen oder draußen

Heiß und kalt

SOS Kinderdorf Krasniku

Heiß und kalt

Herkunftsland:
Polen

Teilnehmer:
ab 3 Spieler

Alter:
ab 4 Jahre

Material:
- **beliebiger, nicht zu großer Gegenstand**

Ort:
drinnen

Wir setzen uns im Kreis auf den Boden und losen aus, wer der erste Sucher ist. Während dieser Spieler nun die Augen schließen oder den Raum verlassen muß, verstecken wir anderen den Gegenstand so, daß der Spieler ihn – nach einigem Suchen – auch wirklich finden kann.
Nun öffnet der Sucher die Augen oder er kehrt ins Zimmer zurück. Wir helfen und geben die ungefähre Richtung an, in die er sich wenden muß, und das machen wir so: Ist der Spieler noch weit von dem Gegenstand entfernt, rufen wir: „Brrr!", „Eis-, eiskalt!" und „Kalt!". Kommt der Sucher aber in dessen Nähe, ertönen folgende Wörter: „Warm!", „Noch wärmer!" und schließlich „Heiß!" Ist der Gegenstand zu guter Letzt entdeckt, beginnt eine weitere Runde mit einem neuen Sucher.

Spielregeln aus Liberia

Wenn wir „Heiß und kalt" ein wenig abwandeln wollen, können wir es so machen wie die Kinder in Liberia. Deren Spielregeln weichen in zwei Punkten von den beschriebenen ab:
1. Der Spielleiter versteckt nichts, sondern er berührt lediglich etwas.
2. Wenn der Spieler sich auf die Suche macht, dirigieren die anderen Teilnehmer ihn nicht mit Worten zu dem Gegenstand oder zu einem Kind, das sich versteckt hat. Sie klatschen bald schneller und bald langsamer in die Hände, je nachdem wie weit der Sucher von seinem Ziel entfernt ist.

Zweigchen vergraben

u.a. SOS Kinderdorf Bhimtal

Dieses ganz einfache Spiel ist für die Kleinen geeignet. Wir benötigen nur einige Schaufeln Sand und ein kleinen Zweig.
Einer von uns, das ist der Sucher, muß die Augen schließen oder sich umdrehen, während der andere einen länglichen Sandhaufen formt, um darin den kleinen Zweig zu verstecken. Sobald das geschehen ist, soll der Sucher so schnell wie möglich das Zweiglein finden. Wenn wir wollen, setzen wir dafür eine Zeit fest, innerhalb der das Kind es geschafft haben muß, um einen Punkt zu bekommen. Dann werden die Rollen getauscht, und Sieger wird derjenige, der nach einer vereinbarten Anzahl von Runden die meisten Punkte hat.
Sind wir am Strand oder spielen wir in einem richtigen Sandkasten, dann verstecken wir mehrere Gegenstände, die der Spieler innerhalb einer gewissen Zeit finden soll. Für jeden gefundenen gibt es einen Punkt. Wir achten darauf, daß wir die Sandoberfläche sorgfältig glätten, damit nichts auf das Versteck hindeutet.
Wenn wir viele Teilnehmer sind, teilen wir uns in zwei Mannschaften auf, die gegeneinander antreten.
Am lustigsten und spannendsten ist so ein Versteckspiel natürlich, wenn unsere Eltern bei einem Spielenachmittag oder beim Kindergeburtstag einen kleinen Schatz in einem gut verschließbaren Behälter vergraben und uns auf Schatzsuche schicken.

Zweigchen vergraben

Herkunftsland:
Indien

Teilnehmer:
ab 2 Spieler

Alter:
ab 3 Jahre

Material:
- **kleiner Zweig**
- **Schaufel**
- **Stoppuhr**

Ort:
draußen

Verstecken

SOS Kinderdorf Freetown

Verstecken

Herkunftsland:
Sierra Leone

Teilnehmer:
ab 2 Spieler

Alter:
ab 3 Jahre

Material:
- **keins**
- **(Stäbchenverstecken siehe Text)**

Ort:
draußen

Es gibt eine ganze Reihe verschiedener Möglichkeiten, Verstecken zu spielen, und drei davon – geordnet nach Schwierigkeitsgraden – stellen wir Kinder aus Sierra Leone hier vor. Die einfachste Form geht so: Nachdem wir uns an einen Platz begeben

haben, der möglichst viele Versteckmöglichkeiten bietet, losen wir aus, welcher Spieler uns als erster suchen muß. Dieser hält sich die Augen zu und zählt laut bis zu einer vereinbarten Zahl. Währenddessen verstecken wir anderen uns so, daß wir nicht mehr zu sehen sind.

Hat der Sucher zu Ende gezählt, beginnt er, nach uns Ausschau zu halten. Entdeckt er einen von uns, so darf er sich ebenfalls verstecken, und der aufgespürte Spieler wird der neue Sucher.

Anschlagen

Wem die Grundspielform zu einfach erscheint, der sei auf das „Anschlagen" verwiesen: Der Sucher steht während des Abzählens mit dem Gesicht zu einer Wand oder zu einem Baum. Hat er einen von uns ausfindig gemacht, muß er zu der Wand oder zu dem Baum zurücklaufen, mit der Hand anschlagen und dabei den Namen des Kindes laut rufen.

Ist der Aufgespürte aber schneller dort als der Sucher, kann er sich mit den Worten: „Eins, zwei, drei, ich bin frei!" freischlagen. Wenn das alle Spieler schaffen, dann ist der Sucher noch einmal an der Reihe, wenn nicht, wird das zuletzt angeschlagene Kind der neue Sucher.

Stäbchenversteck

Ein weitere Möglichkeit ist das sogenannte „Stäbchenversteck“. Wenn wir uns dafür entscheiden, benötigen wir zehn fingergroße Stäbchen oder Aststückchen, ein Brett, etwa 50 Zentimeter lang, und einen Holzscheit oder einen Ziegelstein.

Nachdem wir ausgelost haben, wer der erste Sucher wird, ritzen wir mit einem der Stäbchen einen Kreis mit einem Durchmesser von zwei bis drei Metern in den Boden. In die Mitte legen wir den Holzscheit und darauf das Brett, das mit einer Kante frei über den Scheit heraus ragt. Auf dem aufliegenden Teil reihen wir die zehn Stäbchen eng nebeneinander auf.

Nun tritt einer der Spieler kräftig auf das freie Ende des Bretts, so daß die Stäbchen in die Luft geschleudert werden und danach ringsum auf den Boden fallen. Während wir uns verstecken, muß der Sucher die Stäbchen nun ganz schnell wieder einsammeln und an ihren Platz zurücklegen. Danach meldet er: „Zehn Stäbchen auf dem Brett!“ und beginnt, Ausschau nach uns zu halten.

Entdeckt er einen von uns, ruft er den Namen, und der Genannte muß in den Kreis kommen. Gelingt es einem noch nicht entdeckten Kind, unbemerkt zum Kreis zu laufen, darf es die darin Gefangenen befreien. Dazu tritt er so auf das Brett, daß die Holzstäbchen auf den Boden fallen.

Sind alle Spieler aufgespürt, übernimmt derjenige die Rolle des Suchers, der als erster entdeckt wurde.

Der Fischer

SOS Kinderdorf Garmisch-Partenkirchen

Der Fischer

Herkunftsland:
Deutschland

Teilnehmer:
4 bis 10 Spieler

Alter:
ab 5 Jahre

Material:
keins

Ort:
drinnen

Die in diesem Kapitel beschriebenen Spiele werden zwar üblicherweise am Tisch gespielt, aber das ist keineswegs ein Muß. Wer will, der kann sich bei Reaktions- und Sprechspielen wie „Der Fischer" oder „Brr" auch hinstellen oder auf den Boden hocken. Und was die Schreibspiele angeht, so machen die selbstverständlich genausoviel Spaß, wenn man dabei auf dem Sofa oder auf dem Teppich oder im Zug oder im Auto sitzt, vorausgesetzt, wir haben eine feste Unterlage.
Und nun zum Spiel „Der Fischer".
Für die erste Runde losen wir aus, wer die Rolle des Fischers übernimmt. Er bleibt am Tisch stehen, während wir anderen uns auf die Stühle setzen. Dann legt jeder von uns beide Hände, das sind die Fische, flach auf die Tischplatte. Während der Fischer eine Hand langsam über dem Tisch kreisen läßt, spricht er den folgenden Vers:
„Ich fische, fische, fische für meines Herren Tische. Ich hab die ganze Nacht gefischt und noch keinen Fisch erwischt."
Beim letzten Wort versucht der Fischer, blitzschnell eine der Hände „abzuklatschen", während wir uns beeilen, sie wegzuziehen. Schafft der Fischer es nicht, so hat er in der nächsten Runde noch einen Versuch. Erwischt er einen von uns, so übernimmt dieser die Rolle des Fischers.
Geschickte Fischer sprechen übrigens den Vers nicht gleichmäßig, sondern sie verändern die Geschwindigkeit. So vergrößern sie ihre Chance, einen Fisch zu fangen.

Brr

SOS Kinderdorf Freetown

Bei diesem Spiel, das manche auch „Die böse Sieben“ nennen, sitzen wir im Kreis um einen Tisch. Wir legen fest, ob wir im oder gegen den Uhrzeigersinn spielen.

Auf das Kommando eines Mitspielers hin beginnen wir, reihum zu zählen. Der Clou dabei ist, daß wir die Sieben und alle anderen Zahlen, die eine Sieben enthalten oder durch Sieben teilbar sind, durch den Laut „Brr“ ersetzen müssen. Spieler, die vergessen, statt 7, 14, 21, 28 … „Brr“ zu sagen, oder denen an der falschen Stelle ein „Brr“ entschlüpft, setzen aus. Wer als letzter übrig ist, hat gewonnen und beginnt wieder bei der Eins.

Wir können das Ganze auch etwas komplizierter gestalten, indem wir festlegen, daß wir nach jedem Siebener die Zählrichtung ändern: Nach jedem „Brr“, zum Beispiel nach dem ersten, ist der Spieler wieder an der Reihe, der die Zahl Sechs gesagt hat, nach dem zweiten „Brr“ derjenige, der die Zahl Dreizehn genannt hat und so weiter.

Geübte Ziffernjongleure halten es zudem so, daß sogar auch solche Zahlen verboten sind, deren Quersumme die Sieben ergibt, zum Beispiel: 16, 25, 34 ...

Aber das ist dermaßen vertrackt, daß selbst Erwachsene daran scheitern und vorzeitig aus dem Spiel ausscheiden.

Brr

Herkunftsland:
Sierra Leone

Teilnehmer:
ab 5 Spieler

Alter:
ab 9 Jahre

Material:
keins

Ort:
drinnen

Hausmacherscrabble

SOS Kinderdorf Krasniku

Hausmacherscrabble

Herkunftsland:
Polen

Teilnehmer:
- **3 bis 5 Spieler**
- **Spielleiter**

Alter:
ab 8 Jahre

Material:
- **Zeichenkarton**
- **Papier und Stift pro Spieler**

Ort:
drinnen

Für dieses Buchstabierspiel fertigen wir uns einen Stapel mit Alphabetkärtchen aus Zeichenkarton an. Größe, Form und Farbe sind dabei unerheblich, wichtig hingegen ist, daß es alle Selbstlaute, insbesondere das „E" mehrfach enthält, und daß Mitlaute wie das „H" und diejenigen, die häufiger vorkommen (zum Beispiel das „M" und das „S") mehrmals vorhanden sind. Außerdem fügen wir auch einige Jokerkärtchen hinzu.

Das Spiel besteht darin, aus einer vorgegebenen Anzahl von Kärtchen ein Maximum an verschiedenen Wörtern zu bilden. Zudem legen wir fest, wie viele Runden wir spielen wollen. Wenn sich jeder von uns ein Blatt Papier und einen Stift zurechtgelegt und der Spielleiter die Kärtchen gut durchgemischt hat, teilt er jedem Spieler acht aus. Nun haben wir drei Minuten, um daraus Wörter zu bilden. Jedes, das wir herausfinden, schreiben wir auf. Ist die Frist abgelaufen, ruft der Spielleiter „Stopp". Jetzt teilen wir den anderen mit, welches unsere Buchstaben sind, und legen reihum die Ergebnisse vor. Danach notieren wir unsere Punkte:

Für ein Wort mit drei Buchstaben gibt es einen Punkt, für eins mit vier zwei Punkte, für eins mit fünf drei Punkte und so weiter.

Sieger wird derjenige, der am Schluß die meisten Punkte hat.

Wettbuchstabieren

Hier spielen immer zwei Teilnehmer oder auch zwei Mannschaften gegeneinander.

Wir benötigen zwei Stapel Alphabetkärtchen und legen jeweils einen an eine Tischseite oder auf zwei Tische. Auch hier bestimmen wir, wie viele Runden wir spielen wollen.

Der Spielleiter denkt sich irgendeinen Begriff aus, nennt ihn und gibt das Startkommando. Dann versuchen die beiden Gegner, das betreffende Wort so schnell wie möglich korrekt zu legen. Wer das als erster schafft, erhält einen Punkt, und Sieger wird derjenige, der am Schluß die meisten Punkte hat.

Wortstaffel

Die Kinder bilden zwei Mannschaften mit jeweils 26 Teilnehmern. Jeder Spieler erhält ein DIN A 4 großes Blatt Papier mit je einem Buchstaben des Alphabets. Auf den Rückseiten der Blätter stehen bei „A", „O" und „U" die entsprechenden Umlaute, bei „B", „D", „E" und so weiter die Doppelbuchstaben. Nun beziehen die Mannschaften an den Stirnseiten eines Raumes oder eines Spielfelds einander gegenüber Stellung. Sobald der Spielleiter ein Wort ruft, müssen die Teilnehmer mit den betreffenden Buchstaben lossprinten und sich so nebeneinanderstellen, daß sich das genannte Wort korrekt ergibt.

Der Dorfälteste und die Polizei

SOS Kinderdorf Freetown

Der Dorfälteste und die Polizei

Herkunftsland:
Sierra Leone

Teilnehmer:
6 Spieler

Alter:
ab 10 Jahre

Material:
- **6 Zettel**
- **großes Blatt Papier**
- **Stift**

Ort:
drinnen

Bei diesem Rate- und Zahlenspiel beschriften wir als erstes jeweils einen der sechs Zettel mit einem der folgenden Namen und der entsprechenden Punktzahlen:
Der König = 700, der Polizist = 600, der Dorfälteste = 400, der Hund = 300, die Katze = 200 und die Ratte = 100.
Dann schreiben wir die Namen aller Teilnehmer nebeneinander auf das große Blatt Papier. Jetzt werden die Zettel gefaltet (oder mit der beschrifteten Seite nach unten gelegt), gemischt und an die Spieler verteilt.
Diese sehen nach, welche Rolle sie haben, verraten sie aber bis auf den Dorfältesten und den Polizisten vorerst nicht.

Das Spiel besteht nämlich darin, daß der Dorfälteste den Polizisten fragt, wo sich eines der Tiere - etwa der Hund - befindet. Nennt der Polizist nun den Namen eines Teilnehmers, so zeigt dieser seinen Zettel. Hat der Polizist recht, erhält er zusätzlich zu seinen 600 Zettelpunkten die 300 Hundepunkte, während der „Hundebesitzer" leer ausgeht und die übrigen Teilnehmer ihre Zettelpunkte erhalten. Hat der Polizist aber falsch getippt, bekommt er keinen Punkt, und die restlichen Spieler dürfen sich ihre jeweiligen Zettelpunkte gutschreiben.
Nun werden wieder alle Zettel gemischt, und eine neue Runde beginnt. Wer nach der vierten die meisten Punkte hat, ist Sieger.

Schiffchen versenken

SOS Kinderdorf Rom

Bei diesem Spiel, das in manchen Regionen auch als „Entchenteich" bekannt ist, zeichnet jeder von uns auf eines der Karopapiere seine eigene „Seekarte" auf: ein Quadrat mit zehn Karos Seitenlänge. Entlang der senkrechten Reihe tragen wir die fortlaufenden Zahlen (1 bis 10) ein, entlang der Waagrechten die Buchstaben (A bis J). Ein weiteres Quadrat bereiten wir auf dem zweiten Karopapier vor, um dort die getroffenen Schiffe des Gegners und die falsch geratenen Kästchen einzuzeichnen .

Auf der eigenen Seekarte trägt nun jeder in senkrechter und waagrechter Richtung die Schiffsverbände ein. Eine „klassische" Flotte umfaßt:

1. Vier Schlachtschiffe à vier Karos
2. Drei Kreuzer à drei Karos
3. Zwei Zerstörer à zwei Karos.

Wer will, der darf die Mengen auch aufstocken oder zusätzlich Flugzeugträger à fünf Karos und U-Boote à ein Karo einsetzen. Dazu sollten die Seekarten aber auf mindestens 15 Karos Seitenlänge vergrößert werden.

Nachdem wir uns so hingesetzt haben, daß keiner das Blatt des anderen einsehen kann, losen wir aus, wer die „Seeschlacht" eröffnen darf. Dieser Teilnehmer sagt nun zum Beispiel: „B 10." War er erfolgreich, so darf er so lange weiterspielen, bis er nur noch „ins Wasser" trifft. Beide Teilnehmer notieren sich auf den entsprechenden Seekarten die Treffer (der Spieler zusätzlich den Fehlschuß). Danach ist der andere Teilnehmer an der Reihe. Sind alle Karos eines Schiffes getroffen, wird das mit „versenkt" gemeldet. Sieger ist derjenige, der die gesamte Flotte des anderen Spielers getroffen hat.

Schiffchen versenken

Herkunftsland:
Italien

Teilnehmer:
je 2 Spieler

Material:
• 2 Blätter kariertes Papier und 1 Stift pro Spieler

Ort:
drinnen

Figuren würfeln

SOS Kinderdorf Seekirchen

Figuren würfeln

Herkunftsland:
Österreich

Teilnehmer:
ab 2 Spieler

Alter:
ab 5 Jahre

Material:
- **Papier und Stift pro Spieler**
- **Schachtel Buntstifte**
- **Zahlen- oder Farbwürfel**

Ort:
drinnen

Dieses Spiel ist vor allem für Kinder im Vorschulalter geeignet. Jeder von uns erhält ein Blatt Papier und einen Bleistift, die Buntstifte sowie den Würfel legen wir in die Tischmitte.

Dann zeichnet jeder von uns ein Tier oder einen Gegenstand auf, der aus insgesamt sechs Teilen bestehen muß: Vierecke, Dreiecke, Kreis. Wenn wir uns als erstes Motiv ein Haus wählen, dann malen wir die Grundform als Viereck auf, das Dach als Dreieck sowie Schornstein, zwei Fenster und eine Tür als kleine Vierecke. Dann numerieren wir alle Teile (1 bis 6).

Die Zeichnung zeigt eine Lokomotive mit Anhänger. Hier müssen wir gleich zwei Gegenstände erwürfeln.

Nun spielen wir reihum, wobei jeder Teilnehmer jeweils den Teil seines Gegenstandes ausmalen darf, der mit der Zahl auf dem Würfel übereinstimmt. Zeigt dieser eine Ziffer, deren passendes Feld bereits bemalt ist, dann muß dieser Spieler eine Runde aussetzen. Sieger wird derjenige, dessen Bild als erstes ausgemalt ist.

Wenn kleinere Kinder mitspielen, nehmen wir einen Farbwürfel, und die Figuren, die sie nachmalen, bestehen aus Strichen, Kreisen und Pünktchen, wie zum Beispiel ein Käfer. Jeder Farbe des Würfels ordnen wir ein Merkmal des Käfers zu: Wir dürfen bei Blau eine Kreislinie nachmalen, bei Gelb einen Strich, bei Grün ein oder mehrere Pünktchen, bei Rot einen Fühler, bei Weiß ein Beinchen, bei Orange ein Auge. Wer als erster mit seiner Figur fertig ist, ist Sieger.

Galgenmännchen

SOS Kinderdorf Rom

Nachdem wir ausgelost haben, welcher Spieler beginnen darf, denkt sich dieser ein Wort mit mindestens sechs Buchstaben. Er schreibt den ersten und den letzten auf das Papier, und ersetzt die anderen durch Punkte. Neben dem so angedeuteten Begriff zeichnet er mit vier Strichen einen Galgen mit Seil.
Der andere Spieler muß das Wort Buchstabe für Buchstabe erraten, richtige werden an der entsprechenden Stelle eingesetzt. Irrt sich der Teilnehmer, wächst das Galgenmännchen um jeweils einen Kreis (Kopf und Bauch) und um Striche (Arme und Beine). Ist die Lösung gefunden, bevor das ganze Männchen hängt, gewinnt der Ratende; im anderen Fall geht der Sieg an sein Gegenüber.

Vier Punkte

Dieses Spiel ist schwieriger als „Galgenmännchen“. Das zu erratende Wort hat zwar nur vier Buchstaben, doch hier wird keiner preisgegeben. Zudem muß der Ratende jeweils ein ganzes, sinnvolles Wort aufschreiben, um sich an den gesuchten Begriff heranzutasten. Dann bewertet der Gegenspieler es: Für einen richtigen Buchstaben gibt es ein Kreuz, für einen richtigen am richtigen Ort einen Kreis. Insgesamt sind höchstens acht Versuche erlaubt. Das klingt zwar ganz einfach, aber bei diesem Spiel bilden ganz einfache Wörter wie „Hund“ manchmal besonders große Schwierigkeiten.
Wer geübt ist, wagt sich an fünfbuchstabige Wörter heran.

Galgenmännchen

Herkunftsland:
Italien

Teilnehmer:
2 Spieler

Alter:
ab 7 Jahre

Material:
• Blatt Papier (Tafel)
• Stift (Kreide)

Ort:
drinnen

Was fährt das Schiffchen?

SOS Kinderdorf Kecskemét

Was fährt das Schiffchen?

Herkunftsland:
Ungarn

Teilnehmer:
ab 4 Spieler

Alter:
ab 7 Jahre

Material:
• Papier und Stift pro Spieler

Ort:
drinnen

Nachdem wir uns geeinigt haben, wer in der ersten Runde der Spielleiter ist, zeigt dieser auf einen von uns und fragt zum Beispiel: „Was fährt das Schiffchen mit „S"?" Der Teilnehmer muß darauf ein Hauptwort nennen, das mit einem „S" beginnt. Wer nach zehn Sekunden keine Antwort weiß oder einen bereits erwähnten Begriff verwendet, erhält einen Strafpunkt. Wer drei hat, setzt in dieser Runde aus.

Waren alle Teilnehmer mit einem Buchstaben einmal an der Reihe, nennt der Spielleiter einen neuen. Das Ganze wird so lange fortgeführt, bis nur noch ein Teilnehmer übrig ist. Dieser ist dann in der nächsten Runde der Spielleiter.

Antakshari

Ältere Kinder können sich an diesem Spiel aus Indien versuchen, das manchmal auch „Namen am Fließband" genannt wird. Dabei legen wir vor Beginn jeder Runde ein ganz bestimmtes Begriffsfeld fest, also zum Beispiel Städte oder Länder, Tier- oder Pflanzennamen. Wir spielen im Uhrzeigersinn, und jeder neue Begriff muß mit dem letzten Buchstaben des vorher genannten beginnen.

Wenn wir uns auf Tiere geeinigt haben, sagt der erste Teilnehmer zum Beispiel „Löwe", der nächste „Elefant", der übernächste „Trampeltier" und so weiter. Wer innerhalb von zehn Sekunden keinen passenden

Namen nennt, muß in dieser Runde aussetzen.

Die Wörterkette wird so lange fortgesetzt, bis nur ein Teilnehmer übrig ist. Er wird der nächste Spielleiter.

Stadt – Land – Fluß

Noch schwieriger ist dieses Spiel, bei dem es darum geht, Wörter mit denselben Anfangsbuchstaben für verschiedene Begriffsfelder zu finden. Wir teilen unser Blatt Papier in sieben Spalten ein: eine für den Punktestand, und sechs für die Begriffsfelder. Dann einigen wir uns auf diese und schreiben sie an das Kopfende der Spalten. Es ist üblich, daß die ersten drei Überschriften des Spieltitels gewählt werden, aber das ist kein Muß. Wir dürfen diese ebenso wie die drei anderen frei wählen. Auf jeden Fall ist es sinnvoll, wenn wir mindestens eine „leichte", wie zum Beispiel „Vornamen", aufnehmen.

Das Spiel verläuft folgendermaßen: Einer von uns sagt den Buchstaben „A" laut, „spielt" aber das weitere Alphabet leise „im Kopf" weiter. Sobald der rechts von ihm sitzende Spieler „Stop" ruft, wird der Buchstabe genannt, bei dem der Sprecher gerade angekommen ist.

Nun müssen wir für jedes Begriffsfeld so schnell wie möglich ein Wort finden, das mit diesem Buchstaben beginnt, und es in die jeweilige Spalte schreiben. Wer das als erster geschafft hat, sagt „Stopp", und wir anderen hören auf weiterzuschreiben. Dann lesen wir unsere Eintragungen nacheinander vor und vergeben Punkte: Ein richtiges Wort, das nur einmal genannt wird, bringt 10 Punkte, für ein Wort, das zwei oder mehrere Teilnehmer haben, gibt es fünf Punkte.

In der nächsten Runde beginnt derjenige Spieler mit dem „A"-Sagen, der in der ersten „Stop" gerufen hat. Das wiederum macht sein rechter Nachbar. Sieger ist derjenige, der am Schluß die meisten Punkte hat.

Schlapp hat den Hut verloren

Herkunftsland:
Deutschland

Teilnehmer:
ab 5 Spieler

Alter:
ab 8 Jahre

Material:
Pfänder

Ort:
drinnen

Nasenslalom

Herkunftsland:
Frankreich

Teilnehmer:
ab 3 Spieler

Alter:
ab 5 Jahre

Material:
- Bogen Zeichenkarton, mindestens 50 cm lang
- Stift
- Kreppband
- leere Zündholzschachtel
- Stoppuhr

Ort:
drinnen

Schlapp hat den Hut verloren

SOS Kinderdorf Garmisch-Partenkirchen

Bei diesem Reaktions-Pfänderspiel setzen wir uns am besten im Kreis um den Tisch. Nun bestimmen wir einen von uns zum Spielleiter und zählen dann, von 1 beginnend, durch. Zudem sprechen wir ab, wie lange wir spielen wollen.
Jetzt macht einer von uns den Anfang und sagt zum Beispiel: „Schlapp hat den Hut verloren. Zwei hat ihn." Der Genannte erwidert schnell: „Schlapp hat zwar den Hut verloren, aber Zwei hat ihn nicht. Sechs hat ihn." Sechs antwortet sofort: „Schlapp hat zwar den Hut verloren, aber Sechs hat ihn nicht. Eins hat ihn." Und so weiter.
Wer nicht reagiert oder falsch antwortet, muß ein Pfand abgeben. Um es wieder einzulösen, muß der betreffende Teilnehmer später eine Aufgabe erfüllen. Diese bestimmen seine Mitspieler, denen der Spielleiter die folgende Frage stellt: „Was soll derjenige tun, dem dieses Pfand gehört?" Die Antwort kann heißen: „Zehn Kniebeugen machen" oder „Dreimal auf allen vieren um den Tisch laufen."
Wenn ältere Kinder spielen, lassen sich die Regeln schwieriger gestalten. Die Teilnehmer zählen sich nicht bei Eins beginnend durch, sondern jeder wählt sich eine beliebige zwei- oder dreistellige Ziffer. Oder die Spieler bestimmen, daß Zahlen „umschrieben" werden müssen: sie dürfen dann zum Beispiel statt „Drei" nur sagen: „Zwölf geteilt durch vier" oder „Quersumme von einundzwanzig".

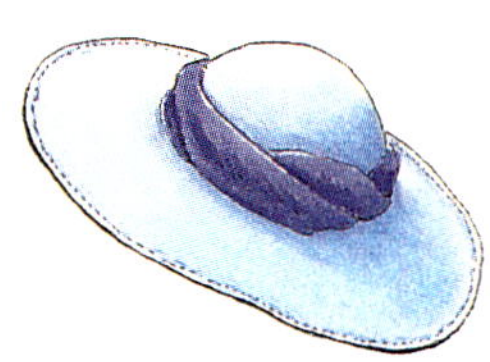

Nasenslalom

u.a. SOS Kinderdorf Carros-le-Neuf

Auf der Tischplatte befestigen wir zunächst mit einem Streifen Kreppband unseren Zeichenkarton. Darauf malen wir die „Rennstrecke", das heißt einen möglichst kurvenreichen Weg, der von einer Stirnseite des Kartons zur anderen führt und nur ein oder zwei Zentimeter breiter als die Zündholzschachtel ist. Anfang und Ende der Strecke markieren wir mit „S" für Start und „Z" für Ziel.
Das Spiel besteht darin, die Zündholzschachtel binnen möglichst kurzer Zeit mit der Nase vom Start zum Ziel zu bugsieren. Dabei müssen wir beachten, daß wir die Ränder der Strecke nicht überfahren dürfen. Und die Hände zu Hilfe nehmen, das ist natürlich auch verboten! Wie wir Fehler bestrafen, müssen wir vor dem Spielbeginn klären. Vielleicht muß derjenige in der Spielrunde aussetzen, oder er erhält pro Fehler einen Strafpunkt. Oder er muß die Schachtel nehmen und wieder am Start beginnen. Wer eine gewisse Anzahl an Strafpunkten gesammelt hat oder eine festgelegte Zeit überschreitet, könnte ein Pfand abgeben.
Wenn wir mit vielen Kindern spielen, bilden wir zwei Mannschaften, die gegeneinander antreten.

Reich's nach vorne weiter!

SOS Kinderdorf Battonya

Reich's nach vorne weiter!

Herkunftsland:
Ungarn

Teilnehmer:
12 bis 40 Spieler

Alter:
ab 6 Jahre

Material:
keins

Ort:
Turnhalle oder draußen

Wir bilden zwei oder mehrere gleich große Mannschaften und stellen uns in Reihen hintereinander auf. Nach dem Startsignal gibt jedes Kind, das als letztes in der Reihe steht, seinem Vordermann einen Schubs, und dieser tut dasselbe mit dem vor ihm stehenden Kind, und so weiter. Kommt der Schubs beim ersten Spieler in der Reihe an, läuft dieser nach hinten und schubst den vor ihm stehenden Teilnehmer ab. Das wird so lange fortgeführt, bis die Reihe wieder so dasteht wie zu Spielbeginn. Sieger ist das Team, das dies als erstes schafft.

Bei den beiden Varianten dieses Spiels müssen wir uns mit weit gegrätschten Beinen aufstellen:

1. Wenn wir nun ein „Wettkriechen" veranstalten, muß das letzte Kind durch den Beinetunnel seiner Mannschaft bis zur Spitze der Reihe hindurchrobben und sich vorn hinstellen. Wir spielen so lange, bis alle diese Übung einmal absolviert haben.

2. Beim „Schlangenhäuten" beugt jeder den Oberkörper nach vorn und ergreift durch die gegrätschten Beine hindurch eine Hand des Hintermannes. Wenn alle einander festhalten, beginnt die ganze Reihe rückwärts zu gehen, nur der jeweils letzte Spieler legt sich auf den Boden.

Das geht so lange weiter, bis das erste Kind, der Kopf der Schlange, über den ersten liegenden Teilnehmer steigt. Es greift dessen Hand und zieht ihn hoch, und dieser Spieler geht ebenfalls rückwärts und zieht den nächsten Liegenden nach oben. Das Ganze setzen wir so lange fort, bis alle wieder stehen.

Ballonrennen

SOS Kinderdorf Dhaka

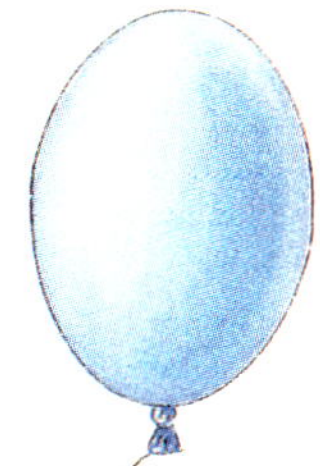

Wir stecken eine Strecke ab und kennzeichnen Start/Ziel und Wendemarke. Ob wir dafür zum Beispiel Kreide, Stöckchen oder Steine verwenden, das hängt von der Beschaffenheit des Bodens ab.

Bei der einfacheren Version dieses Spiels bekommt jeder von uns einen aufgeblasenen Ballon, den wir dann auf das Startkommando hin entlang der Strecke bewegen müssen. Bei der schwierigeren Spielart müssen wir nach dem Startsignal die Ballons selbst aufblasen und verknoten, bevor wir loslaufen.

Ja, und was das Bewegen des Ballons betrifft, so gilt eigentlich nur, daß wir ihn nicht mit einer oder beiden Händen festhalten dürfen. Ob wir uns nun auf Kicken mit dem Fuß, Schlagen mit dem Handrücken oder mit der Faust, Einklemmen zwischen den Knien, Balancieren auf dem Kopf oder auf Pusten einigen, das hängt ganz von unserer Spiellaune ab.

Am meisten Spaß macht ein Ballonrennen, wenn wir es als Staffelwettlauf veranstalten, also nicht einzelne Spieler, sondern Mannschaften gegeneinander antreten. Das kann auf zweierlei Art geschehen:

1. Beim einfachen Staffellauf führt die Rennstrecke um eine Wendemarke. Alle Spieler einer Mannschaft stehen hinter derselben Start-/Ziellinie. Sobald das erste Kind in der Reihe seinen Lauf beendet hat, schickt es durch Anschlagen und Weiterreichen des Ballons den nächsten Spieler los. Das setzen wir so lange fort, bis der letzte Teilnehmer im Ziel eintrifft.

2. Wenn wir uns dagegen für eine Pendelstafette entscheiden, teilen wir jede Mannschaft in zwei Hälften. Die eine steht am unteren, die andere am oberen Streckenrand, und ein Läufer muß immer nur die halbe Rennstrecke zurücklegen.

Ballonrennen

Herkunftsland:
Bangladesh

Teilnehmer:
- **ab 2 Spieler**
- **Spielleiter**

Alter:
ab 5 Jahre

Material:
- **1 Luftballon pro Spieler**
- **Markierungen für die Strecke**

Ort:
(windstill) draußen

Kleiderrennen

u.a. SOS Kinderdorf Bindura

Kleiderrennen

Herkunftsland:
Zimbabwe

Teilnehmer:
ab 6 Spieler

Alter:
ab 3 Jahre

Material:
• 1 oder mehrere Kleidungsstücke pro Spieler
• 2 Stücke Seil (Start/Ziel, Wendemarke)

Ort:
draußen

Bei diesen Wettlaufspielen hängt der Schwierigkeitsgrad sowohl von der ausgewählten Rennstrecke als auch von der Bekleidung ab.
Zuerst machen wir aus, ob wir einfach nur im Garten oder auf einer Wiese von Punkt A nach Punkt B und wieder zurück laufen oder ob unsere Strecke über Hindernisse (zum Beispiel ein Klettergerüst) führen soll. Sobald wir das entschieden haben, einigen wir uns auf die Spielregeln.
Bei der einfachsten Form ziehen wir vor Spielbeginn Strümpfe und Schuhe aus. Nach dem Startkommando ziehen wir uns so schnell wie möglich wieder an und sprinten dann los. Wenn wir das Spiel etwas schwieriger gestalten wollen, ändern wir die Regel dahingehend, daß wir uns nicht vor dem Rennen aus- und anziehen, sondern während des Laufens. Und wenn das Ganze so richtig vertrackt sein soll, dann bereiten wir vor Beginn für jeden Spieler beziehungsweise für jedes Spielerpaar mindestens ein Kleidungsstück vor, das man nicht überstreifen darf, sondern das man sehr mühselig zuknöpfen oder -binden muß. Besonders schwierig wird das Kleiderrennen, wenn wir es zusätzlich mit der Hinkstafette (siehe gegenüberliegende Seite) kombinieren. So müssen die beiden Teilnehmer mit aneinandergefesselten Beinen Schuhe und Strümpfe ausziehen, beides in die Hand nehmen und bis zur Wendemarke laufen. Dort ziehen sie sich schnell wieder an und rennen zum Ziel zurück. Mit vielen Kindern spielen wir in zwei großen Gruppen gegeneinander: Erst wenn ein Paar im Ziel ist, darf das nächste starten.

Zwillingsläufe

SOS Kinderdorf Chvalcov

Wir älteren Kinder in Tschechien spielen ganz begeistert Zwillingsläufe. Das sind Wettspiele, bei denen jeweils zwei Teilnehmer als „Zwillinge“ an den Start gehen und eine bestimmte Strecke gemeinsam zurücklegen. Für Start/Ziel und Wendemarke verwenden wir je ein Stück Seil. Entweder stoppen wir für jedes Paar die Zeiten, oder mehrere Mannschaften spielen zur gleichen Zeit gegeneinander. Die schnellste erhält einen Punkt.

Hinkstafette

Für dieses Spiel, einige nennen es auch „Siamesische Zwillinge“, gibt es zwei verschiedene Regeln.

Bei der einen werden je zwei Teilnehmer so aneinandergefesselt, daß wir mit einem Tuch das linke Bein des rechten Spielers an das rechte Bein des linken Spielers binden.

Wenn wir die andere Regel anwenden, dann müssen die beiden Läufer einander je einen Arm auf die Schultern legen. Der linke Teilnehmer hüpft auf seinem linken Bein, der rechte Mitspieler auf seinem rechten Bein zur Wendemarke. Dort halten die Kinder kurz an, stellen sich auf das andere Bein und hinken so zum Ziel.

Tankfahren

Bei diesem Spiel müssen wir uns besonders geschickt anstellen. Denn im Gegensatz zu einer Rolle, die nur ein einzelnes Kind macht, können wir uns beim Tankfahren nicht mit den Händen am Boden abstützen.

Ein Spieler legt sich mit angehobenen Beinen auf den Rücken. Dicht hinter seinem Kopf steht der Partner. Nun fassen beide Kinder die Beine des anderen an den Knöcheln. Wenn nun der noch stehende Spieler eine Rolle vorwärts macht, dann zieht er dadurch das auf dem Boden liegende Kind in die Höhe. Dieses setzt nun ebenfalls zu einer Rolle an.

Zwillingsläufe

Herkunftsland:
Tschechien

Teilnehmer:
ab 6 Spieler

Alter:
ab 10 Jahre

Material:
- **1 Tuch pro Spielerpaar**
- **2 Stücke Seil (Start/Ziel, Wendemarke)**
- **Stoppuhr**

Ort:
Turnhalle oder draußen

Kartoffeln sammeln

SOS Kinderdorf Trento

Kartoffeln sammeln

Herkunftsland:
Italien

Teilnehmer:
- ab 3 Spieler
- Spielleiter

Alter:
ab 4 Jahre

Material:
- 30 bis 40 Kartoffeln (Kastanien oder Nüsse)
- 1 Löffel und
- 1 Schüssel pro Spieler
- Markierungen für das Spielfeld
- Küchenwecker

Ort:
draußen

Zunächst markieren wir das Spielfeld, und dann einigen wir uns darauf, nach welcher der beiden folgenden Varianten wir spielen wollen.

1. Wir verabreden, wie viele Runden wir spielen und wie lange jede dauert. Dann verteilen wir alle Kartoffeln auf der Spielfläche. Jetzt stellen wir uns nebeneinander an deren unterem Rand auf, plazieren die Schüsseln vor uns auf dem Boden und nehmen jeder einen Löffel in die Hand.

Auf das Zeichen des Spielleiters flitzen wir los und versuchen, möglichst viele Kartoffeln einzusammeln. Dazu dürfen wir aber nicht unsere Hände benutzen – wer das tut, scheidet automatisch aus –, sondern wir müssen die Kartoffeln jeweils einzeln mit dem Löffel vom Spielfeld aufnehmen und zur Schüssel transportieren. Sieger der ersten Runde wird derjenige, in dessen Schüssel die meisten Kartoffeln sind.

Für die nächste Runde verteilen wir wieder alle Kartoffeln auf dem Spielfeld.

2. Für diese Spielform markieren wir für jeden Teilnehmer eine Laufbahn mit einer Start- und einer Ziellinie und verteilen in gleichen Abständen auf jeder Strecke dieselbe Anzahl Kartoffeln.

Auf das Zeichen des Spielleiters hin spurten alle Teilnehmer mit einem Behälter in der einen Hand und einem Löffel in der anderen los. Gewonnen hat derjenige, der das Ziel am schnellsten und mit allen Kartoffeln erreicht.

Sackhüpfen

SOS Kinderdorf Tacloban

Die Jutesäcke, die wir benötigen, müssen ein Fassungsvermögen von 50 Kilogramm haben. Da aber die leeren Kohlen- oder Kartoffelsäcke, die im Keller oder auf dem Dachboden herumliegen, schmutzig sind, besorgen wir uns gemeinsam mit unseren Eltern neue (Lagerhaus).

Sackhüpfen kann man zwar auch zu zweit spielen, aber am meisten Spaß macht es, wenn zwei gleich große Mannschaften gegeneinander antreten und das Spiel in Form einer Staffel oder einer Pendelstafette durchführen. Beim Hüpfen selbst gilt es lediglich, darauf zu achten, daß wir den Sack mit beiden Händen in Hüft- oder Brusthöhe festhalten.

Sackhüpfen

Herkunftsland:
Philippinen

Teilnehmer:
ab 6 Spieler

Alter:
ab 7 Jahre

Material:
• 1 Jutesack pro Spieler oder Mannschaft

Ort:
draußen

Spieler, die ihn unterwegs verlieren, dürfen erst dann weiterhopsen, wenn sie ihn wieder richtig hochgezogen haben.

Wenn wir wollen, dann können wir das Sackhüpfen ein wenig schwieriger gestalten. Statt einer geraden Rennstrecke stecken wir einen Slalomkurs ab, oder wir stellen Hindernisse in den Weg, über die wir hinweghopsen müssen.

Es gibt aber auch die Möglichkeit, kleine Gegenstände wie Tennisbälle oder Tücher auf der Strecke auszulegen, die der erste Hüpfer einsammeln und der nächste wieder verteilen muß. Der übernächste steckt sie in den Sack und so weiter…

Hürdenspringen
Herkunftsland:
Philippinen
Teilnehmer:
ab 3 Spieler
Alter:
ab 5 Jahre
Material:
keins
Ort:
Turnhalle oder draußen

Das Briefspiel
Herkunftsland:
Peru
Teilnehmer:
10 bis 15 Spieler
Alter:
ab 5 Jahre
Material:
- **Briefumschlag**
- **Blatt Papier**
- **Kreidestück (Stöckchen)**
- **Stein**

Ort:
draußen

Hürdenspringen

SOS Kinderdorf Alabang-Manila

Wir nennen unseren Springwettkampf „Luksong Tinik“, was soviel wie „Sprung über den Bergrücken“ bedeutet.
Es geht darum, fünfmal hintereinander über ein „lebendes Hindernis“ zu springen. Dieses bilden zwei Mitspieler, die sich so auf den Boden setzen, daß sie sich gegenseitig mit den Fußsohlen berühren. Nach und nach lassen sie ihre Beinhürde dann in die Höhe wachsen:
Beim ersten Sprung ist sie noch ganz niedrig, denn die Kinder strecken ihre Beine flach am Boden aus.
Beim zweiten Sprung ist das Hindernis schon ein wenig höher, denn nun sind die Beine angewinkelt und so übereinander gelegt, daß die Ferse des einen Fußes auf den Zehen des anderen ruht.
Für den dritten Sprung strecken beide Hürdenbauer je einen Arm geradeaus, so daß sie einander an den Fingerspitzen berühren.
Für den vierten und den fünften Sprung stocken sie das Hindernis um je eine Hand auf, indem sie den abgespreizten kleinen Finger auf den hochgereckten Daumen ihres Gegenübers setzen.
Wer die Hürde mit irgendeinem Körperteil „reißt“, darf nicht weiterspringen, und der nächste Teilnehmer kommt an die Reihe.
Sieger wird derjenige, der alle fünf Sprünge fehlerlos schafft. Wenn wir mehrere Runden veranstalten, vergeben wir für einen gelungenen Durchlauf einen Punkt.

Das Briefspiel

SOS Kinderdorf Rio Hondo

Wir malen ein Spielfeld auf, dessen Breite davon abhängt, wie viele Teilnehmer wir sind. Auf die Länge, das ist die Hüpfstrecke, müssen wir uns einigen. Wir losen aus, wer die Rolle des Spielleiters übernimmt.
Wir stellen uns an der Startlinie auf, das heißt an einer Seite des Spielfeldes, in einer Reihe nebeneinander. Der Spielleiter steht an der gegenüberliegenden Seite und markiert mit einem Stein das genaue Ziel. Wir dürfen uns nur hüpfend vorwärtsbewegen, und der Spielleiter entscheidet allein darüber, wer jeweils wie viele Sprünge machen darf.
Und das geht so: Der Spielleiter läuft mit dem Briefumschlag auf uns zu und ruft: „Ich habe hier einen Brief!“, worauf wir ihn nun fragen: „Für wen?“ Der Spielleiter nennt den Namen des Empfängers, und dieser möchte wissen, woher der Brief kommt. Von der Anzahl der Silben, die die Antwort hat, hängt die Menge der Sprünge ab, die das Kind nun in Richtung Ziel machen darf.
Stammt der Brief zum Beispiel aus Kiel oder von Fritz, so ist nur ein einziger Hopser erlaubt. Kommt er dagegen von Ma-xi-mi-li-a-ne oder aus Ro-then-burg-ob-der-Tau-ber, dann darf der Spieler sechs bzw. sieben Hüpfer machen.
Danach setzt die nächste Frage- und Antwortfolge (mit anderem Namen) ein. Das Ganze wird so oft wiederholt, bis ein Spieler das Ziel erreicht. Dieser ist dann in der nächsten Runde der Spielleiter.

Ampe

SOS Kinderdorf Tema

Ampe

Herkunftsland:
Ghana

Teilnehmer:
6 bis 10 Spieler

Alter:
ab 6 Jahre

Material:
keins

Ort:
draußen

Ampe ist bei uns in Ghana ein beliebter Zeitvertreib für Mädchen und lockt in der Regel viele Zuschauer an. Da die jeweilige Spielleiterin allein gegen alle übrigen Teilnehmerinnen antritt, funktioniert Ampe mit sechs bis zehn Beteiligten am besten. Sind es mehr, so benötigt sie schon außerordentliches Geschick und eine tüchtige Portion Glück, um als Siegerin aus diesem Spiel hervorzugehen. Und das sind unsere Regeln für das Spiel Ampe:

Wenn sich eine Freiwillige bereiterklärt hat, als erste die Rolle der Spielleiterin zu übernehmen, stellen wir uns im Halbkreis um sie herum auf. Dann beginnen wir, in die Hände zu klatschen: Klatsch, klatsch – Pause – klatsch, klatsch – Pause. Währenddessen hüpfen wir genau in diesem Rhythmus auf und ab. Die Spielleiterin und jeweils eine ihrer Gegnerinnen – diese wechseln einander gegen den Uhrzeiger ab – strecken in der Taktpause jeweils ein Bein nach oben. Ist es bei beiden das gleiche, hat die Spielleiterin gewonnen und tritt gegen eine weitere Teilnehmerin an. Im gegenteiligen Falle, also ein linkes und ein rechtes Bein, verliert sie und tauscht schnell mit dem siegreichen Mädchen den Platz, und dieses wird nun die Spielleiterin. In der Zwischenzeit klatschen und hüpfen wir anderen weiter. Gewitzte Spielleiterinnen versuchen, ihre jeweilige Gegnerin durch Täuschen oder Verzögern zu überlisten.

Siegerin ist diejenige, der das bei allen ihren Gegenspielerinnen in Folge gelingt.

Der dumme Esel

u.a. SOS Kinderdorf Vigo

So wie das am Anfang des Kapitels geschilderte Hürdenspringen besteht auch dieses Spiel darin, über ein lebendes Hindernis zu springen. Dieses wird von einem Teilnehmer gebildet, das ist der „dumme Esel“.
Nachdem wir ausgelost haben, wer als erster den „dummen Esel“ spielt, geht dieser ein paar Meter von uns entfernt in Position. Dazu stellt er sich – entweder, wie beim Bockspringen – in der Laufrichtung auf, grätscht die Beine, beugt den Oberkörper vor und stützt die Arme auf die Knie. Oder er steht – wie beim sogenannten Hammelsprung – quer zur Laufrichtung, mit durchgedrückten Beinen, abgewinkeltem Rumpf, und umfaßt seine Fußknöchel mit den Händen.
Bei jüngeren Teilnehmern sollten wir eine dritte Möglichkeit zulassen: Der Esel kniet auf dem Boden mit eingezogenem Kopf. Sobald das Hindernis steht, springen wir nacheinander darüber. Dabei geht es darum, das zu wiederholen, was der jeweils erste Springer vorturnt. Läuft dieser etwa im Zickzack an und wählt als Sprungart eine Flanke, müssen wir das nachmachen, ebenso wenn er die Anlaufstrecken mit mehreren Purzelbäumen bewältigt und dann aus dem Stand eine Grätsche macht.
Wenn das alle schaffen, beginnt das Spiel mit demselben „dummen Esel“ von vorn. Wenn nicht, wird derjenige der nächste, der als erster einen Fehler gemacht hat.
Spielen wir mit vielen Kindern, dann macht es Spaß, wenn sich mehrere „dumme Esel“ in einigen Metern Abstand aufstellen und wir alle hinüberspringen.

Der dumme Esel

Herkunftsland:
Spanien

Teilnehmer:
ab 4 Spieler

Alter:
ab 8 Jahre

Material:
keins

Ort:
Turnhalle oder draußen

Blada

SOS HG-Schule El Doret

Blada

Herkunftsland:
Kenia

Teilnehmer:
ab 3 Spieler

Alter:
ab 6 Jahre

Material:
elastisches Gummiband, 3 bis 5 m lang

Ort:
Turnhalle oder draußen

Für dieses Spiel besorgen wir uns elastisches Gummiband in einem Handarbeitsgeschäft oder in einer Kurzwarenabteilung eines Kaufhauses.

Wir verknoten die Enden des Gummibands miteinander, und jetzt kann unser Hüpfwettbewerb beginnen. Zwei Kinder, die Steher, legen sich das Gummiband außen an die Fußknöchel - ältere Teilnehmer an die Kniekehlen - und stellen sich dann mit leicht gespreizten Beinen so weit voneinander entfernt auf, daß das Gummiband straff gespannt ist.

Die Hüpfregeln sind häufig von Kindergruppe zu Kindergruppe verschieden. Bei uns müssen die Springer nacheinander das Band, von außen beginnend, siebenmal in Folge überhüpfen: drei Zickzacksprünge über eine Bandseite, ein Grätschsprung über beide Seiten, aus der Grätsche zurück ins Bandinnere, ein Sprung über eine Bandseite, und einer quer über die ganze Breite des Spielfelds, das durch das Band abgegrenzt ist. Wenn wir wollen, können wir einige Sprünge mit einer halben Drehung in der Luft kombinieren. Zum Beispiel den Sprung in die Grätsche oder denjenigen zurück in das Bandinnere.

Wer auf das Band tritt, tauscht mit einem Steher. Wer es lediglich berührt, darf weitermachen.

Wenn alle Teilnehmer einen Durchgang fehlerfrei bewältigt haben, schieben die Steher das Gummiband ein Stückchen weiter nach oben, und das Spiel beginnt von vorn. Sieger wird derjenige, der als letzter eine komplette Sprungserie schafft.

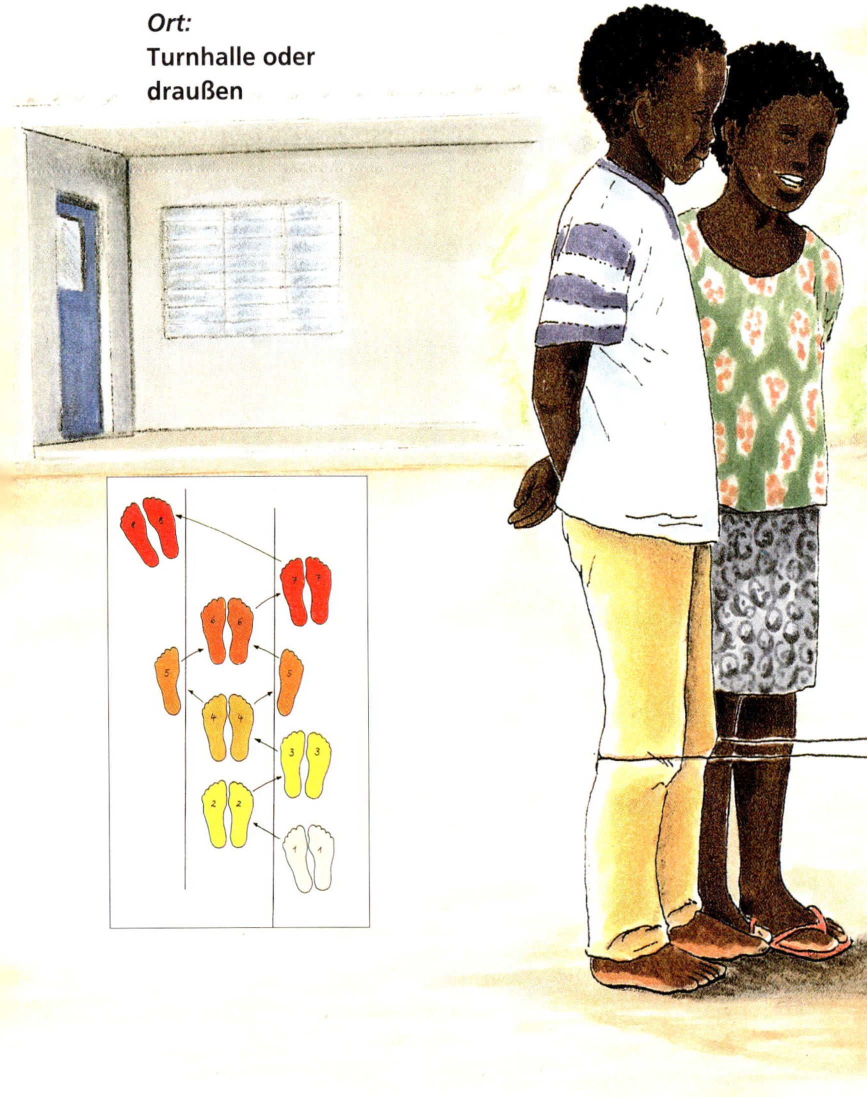

Seilspringen

SOS Kinderdorf Lutjenburg

Seilspringen kann man allein oder zu mehreren. Wer es allein macht, der faßt sein Sprungseil so an den beiden Enden oder Griffen an, daß es hinter den Fersen auf dem Boden liegt. Dann schwingt er es sooft und so schnell wie möglich nach vorn und hüpft darüber hinweg. Ob er das mit beiden Füßen auf einmal macht oder sie nacheinander nimmt, das bleibt dem Spieler überlassen.

Beherrscht er das, erfolgt nach jedem Aufspringen ein kleiner Zwischensprung, während das Seil langsam durch die Luft schwingt. Oder der Spieler hüpft abwechselnd nur mit dem rechten oder dem linken Bein. Er kann auch das Seil in Gegenrichtung bewegen oder es vor jedem Sprung schnell vor dem Körper über Kreuz halten. Und natürlich darf er mit dem kreisenden Seil laufen. Aber das ist gar nicht so leicht.

Wenn wir zu mehreren Seilspringen wollen, gibt es verschiedene Möglichkeiten: Eine davon ist der sogenannte „Springkreis“, für den wir ein langes Sprungseil benötigen, an dessen Ende wir einen nicht allzu harten Gegenstand, wie etwa einen Schuh, festbinden. Nun beginnt ein Spieler, die Schnur – erst langsam, und dann immer schneller – knapp über dem Boden kreisen zu lassen, während wir anderen dann jedesmal hochhüpfen, bevor es uns zu berühren droht. Wer das nicht rechtzeitig schafft, setzt aus. Wir spielen eine Runde so lange weiter, bis nur noch ein Spieler übrig ist, der dann als nächster das Seil kreisen läßt.

Seilspringen

Herkunftsland:
Deutschland

Teilnehmer:
allein oder mehrere Spieler

Alter:
ab 5 Jahre

Material:
Sprungseil

Ort:
Turnhalle oder draußen

Langes Seil

u.a. SOS Kinderdorf Lapin

Langes Seil

Herkunftsland:
Finnland

Teilnehmer:
ab 3 Spieler

Alter:
ab 7 Jahre

Material:
Sprungseil, mindestens 3 m lang

Ort:
Turnhalle oder draußen

Nachdem wir ausgelost haben, welche beiden Spieler als erste die Rolle der Seilschwinger übernehmen, fassen diese die beiden Enden des Sprungseils an und beginnen, es in weiten Bögen im Kreis herumzuschwingen. Wir anderen Teilnehmer, die Springer, müssen dieses Hindernis nun überwinden.

Seil durchlaufen

Hierbei müssen wir einzeln oder paarweise dann unter dem Seil durchlaufen, wenn es in der Luft ist.

Oder wir versuchen, darüberzuspringen, wenn es am Boden entlangschwingt. Bei beiden Arten dürfen wir uns aber nicht vom Seil berühren lassen. Wem das trotzdem passiert, der tauscht mit einem der Schwinger den Platz.

Wochentage springen

Bei diesem Hüpfspiel machen die Teilnehmer nacheinander je einen Seilsprung und nennen dabei jeweils einen Wochentag in der richtigen Reihenfolge, vom Montag bis zum Samstag. Beim Sonntag jedoch geht der betreffende Teilnehmer in die Hocke, und die Schwinger lassen das Seil jetzt in Brusthöhe leicht hin- und herschaukeln, so daß wir uns darunter hindurchducken können. Wenn sie aber das Wort „Arbeit" rufen, beginnen sie wieder, große Seilkreise zu schlagen. Nun beginnt eine „neue Woche".
Wer beim Springen vom Seil berührt wird, setzt aus. Gespielt wird so lange, bis nur noch zwei Spieler übrig sind. Diese übernehmen in der nächsten Runde die Rolle der Seilschwinger.

Sonne, Mond und Sterne

SOS Kinderdorf Bethlehem

Bei dieser Variante des Seilhüpfens wird uns allen ein „himmlischer" Name wie Sonne, Mond, Jupiter oder Erde zugeteilt. Wir kommen zunächst einzeln an die Reihe, das heißt wir springen immer dann über das Seil, wenn die Schwinger unseren Gestirnsnamen aufrufen.

Nach zwei oder drei Durchgängen nennen die Schwinger immer zwei unserer Namen, und diese Spieler hüpfen gemeinsam. Dann rufen sie immer mehr Namen gemeinsam auf, und schließlich heißt es: „Sonne, Mond und Sterne". Jetzt müssen wir alle gleichzeitig versuchen, dem Seil durch rechtzeitiges Springen auszuweichen.

Abzählen

Bei dieser Spielart muß jeder mehrere Male hintereinander springen. Die Schwinger sagen einen Abzählvers auf, während sie das Seil kreisen lassen, zum Beispiel: „Ene mene ming mang, ping pang, zing zang, ene mene mek, und du bist weg". Bei dem letzten Wort muß der Springer so hüpfen, daß er das Seil zwischen seinen Beinen einklemmt und es zum Stillstand bringt. Falls ihm das nicht gelingt, tauscht er mit einem Schwinger den Platz.

Acht

Hierfür stellen wir uns in einer Reihe neben einen der Schwinger, machen nacheinander einen Seilsprung und umlaufen dann den anderen Schwinger. Nun hüpfen wir von dieser Seite aus. Dann laufen wir eine Schleifenform um den ersten Schwinger und springen den nächsten „Achter" und so weiter. Wer dabei einen Fehler macht, setzt in dieser Runde aus. Das Ganze wird so oft wiederholt, bis nur noch ein Spieler übrig ist.

Sonne, Mond und Sterne

Herkunftsland:
Israel

Teilnehmer:
5 bis 8 Spieler

Alter:
ab 7 Jahre

Material:
- **Sprungseil, mindestens 3 m lang**

Ort:
Turnhalle oder draußen

Tortenhopse

SOS Kinderdorf Monrovia

Tortenhopse

Herkunftsland:
Liberia

Teilnehmer:
ab 2 Spieler

Alter:
ab 8 Jahre

Material:
Kreidestück (Stöckchen)

Ort:
draußen

Wir malen einen Kreis und teilen ihn je einmal waagrecht und einmal senkrecht in vier gleich große „Tortenstücke“ ein.

Das Spiel selbst besteht nun darin, fünfzigmal hintereinander von einem Tortenstück ins nächste zu springen, ohne dabei innezuhalten oder auf eine der Begrenzungslinien zu treten. In der Zwischenzeit zählen wir anderen Teilnehmer laut mit und passen auf, daß der Springer keinen Fehler macht. Wenn das passiert, läßt er den nächsten Spieler an die Reihe.

Bevor aber das Spiel beginnt, legen wir noch ein paar erschwerende Regeln fest, denn es ist viel zu einfach, die 50 Sprünge in nur einer Richtung zu machen. Eine Möglichkeit besteht darin, daß auf 15 Sprünge im Uhrzeigersinn ebensoviele in der Gegenrichtung folgen sollen. Denen schließen sich dann zehn Hüpfer aus dem Stand in die Grätsche an, und die letzten machen wir mit geschlossenen Beinen und begleiten jeden Sprung mit einer halben Drehung in der Luft. Wir können aber auch bestimmen, daß jeder Sprung anders sein muß als der vorherige. Oder jeder fünfte darf nur auf einem Bein ausgeführt werden. Die Entscheidung hängt ganz von uns ab. Wichtig ist nur, daß wir einmal vereinbarte Regeln einhalten und jeder 50 Sprünge macht.

Tunkù-Tunkù

u.a. SOS Kinderdorf Oruro

Tunkù-Tunkù ist ein Hüpfspiel, das bei uns in Bolivien von Jungen und von Mädchen gleichermaßen gespielt wird. Zunächst zeichnen wir mit der Kreide das Spielfeld auf. Es ist ein etwa eineinhalb Meter breites und zweieinhalb Meter langes Rechteck. Dieses teilen wir nun in 15 Vierecke (drei mal fünf). Einige Schritte vom Rechteck entfernt zeichnen wir dann unsere Abwurflinie auf.

Nachdem wir ausgelost haben, wer beginnen darf, stellt dieser Teilnehmer sich mit dem Rücken zum Spielfeld an der Abwurflinie auf. Von dort versucht er, seinen Stein so in eines der Felder zu werfen, daß dieser nicht die Trennlinien berührt. Dafür haben wir drei Versuche. Klappt keiner, ist der nächste Spieler an der Reihe. Gelingt es dem Kind aber, wird es zum „Besitzer" des betreffenden Kästchens und darf es mit seinem Kennzeichen markieren, zum Beispiel mit einem Kreuz, einem Kreis, einem Punkt oder ähnlichem. Diese Kästchen dürfen dann nur von ihrem „Besitzer" betreten werden; wir anderen müssen über sie hinweghüpfen. Nun muß das Kind, am rechten unteren Kästchen beginnend, nacheinander in alle hüpfen. Dabei schubst es mit dem freien Fuß den Stein vor sich her, ohne daß dieser auf eine Trennlinie liegenbleibt. Zudem dürfen diese auch nicht betreten werden.

Ist das Kind erfolgreich gewesen, darf es ein zweites Mal den Stein werfen und wieder den Hüpfparcours bewältigen. Im anderen Fall kommt der nächste Teilnehmer an die Reihe. Gewonnen hat derjenige, der am Schluß die meisten Quadrate hat.

Tunkù-Tunkù

Herkunftsland:
Bolivien

Teilnehmer:
ab 2 Spieler

Alter:
ab 7 Jahre

Material:
- **Kreidestück**
- **1 flacher Stein pro Spieler**

Ort:
draußen

Himmel und Hölle

u.a. SOS Kinderdorf Alexandria

Himmel und Hölle

Herkunftsland:
Ägypten

Teilnehmer:
2 bis 5 Spieler

Alter:
ab 7 Jahre

Material:
- **Kreidestück**
- **1 Stein pro Spieler**

Ort:
draußen

Dieses „klassische“ Hüpfspiel existiert in zahllosen Abwandlungen nahezu in allen Ländern der Welt.

Zunächst wird die Grundform vorgestellt, während auf der gegenüberliegenden Seite einige kompliziertere Spielformen stehen, die sich unter dem Sammelbegriff „Hinkefuß“ zusammenfassen lassen.

Es geht bei „Himmel und Hölle“ zunächst darum, das Steinchen – pro Durchgang – in die einzelnen Kästchen des Spielfelds zu werfen, das aus mindestens fünf numerierten Teilen besteht. In jedes muß der Spieler auf einem Bein hüpfen; auf dem Hinweg, ohne das Steinchen zu berühren, während man es auf dem Rück weg vor sich herschubst. Dabei darf es nicht über die einzelnen Kästchenabgrenzungen hinausgestoßen werden, und man darf nicht auf eine Linie treten. Wer das tut, setzt aus.

Der Spieler, der jeweils an der Reihe ist, wirft das Steinchen in das erste Kästchen, springt hinein, stößt das Steinchen mit dem Fuß zurück und hüpft wieder an seinen Ausgangsplatz. Dann wirft er es in das zweite Kästchen, springt ins erste, dann ins zweite und befördert danach den Stein zurück.

Dieser Ablauf wird nun bei allen übrigen Feldern wiederholt, wobei der Spieler in den Kästchen vier und fünf – also beim vierten Sprung – auf beiden Beinen landen darf.

Sieger wird derjenige, der die meisten fehlerfreien Wurf- und Hüpfrunden schafft.

Hinkefuß

SOS Kinderdorf Battonya

Unter dem Oberbegriff „Hinkefuß" werden drei Möglichkeiten vorgestellt, wie sich die Grundform von „Himmel und Hölle" ausbauen und damit schwieriger gestalten läßt. Die wohl gebräuchlichste Methode ist es, das Spielfeld auf mehrere Kästchen zu vergrößern.
Außerdem wird das Spielfeld abwechslungsreicher, wenn wir ihm andere Formen geben, zum Beispiel die einer Schlange, die einer Schnecke oder die eines in einem Halbkreis endenden Rechtecks.

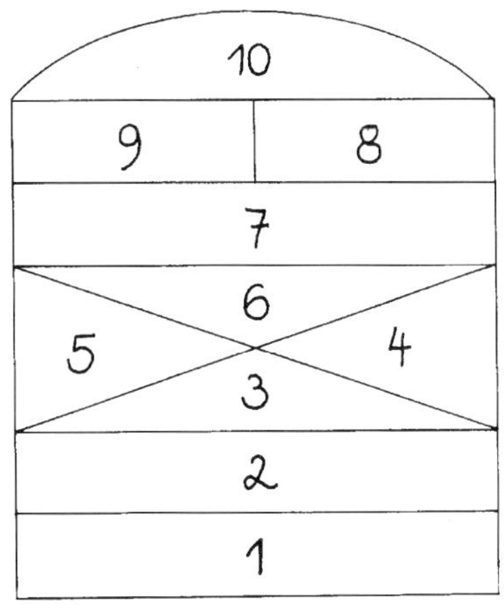

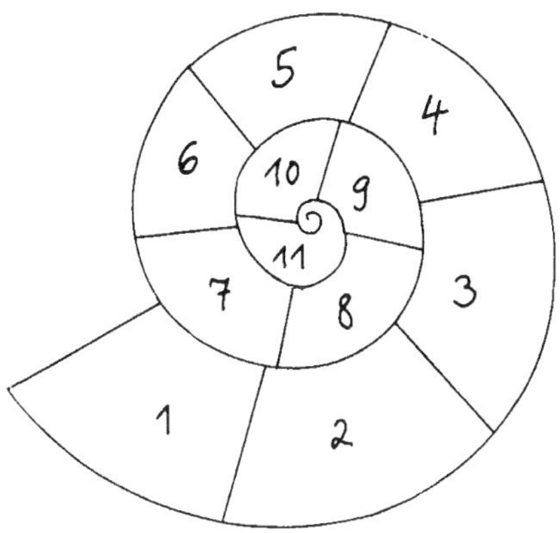

Eine weitere Möglichkeit besteht darin, daß wir beim Zurückhüpfen unser Steinchen nicht mit dem Fuß vor uns herschubsen, sondern es jedesmal anders transportieren. Wir können es beispielsweise zuerst auf dem Handteller balancieren, dann auf dem Fußrücken, danach auf dem angewinkelten Oberschenkel, anschließend auf dem Kopf, und zum Schluß auf der zurückgelegten Stirn, ohne es auf den Boden fallen zu lassen.

Die dritte Variante schließlich hat folgende Regel: Nach einem fehlerfreien Durchgang und einem erfolgreichen Steinwurf über die Schulter (siehe auch „Tunkù-Tunkù", Buchseite 105) dürfen wir jeweils ein Kästchen in Besitz nehmen und es markieren. Keinem anderen von uns ist es dann erlaubt, es zu betreten.

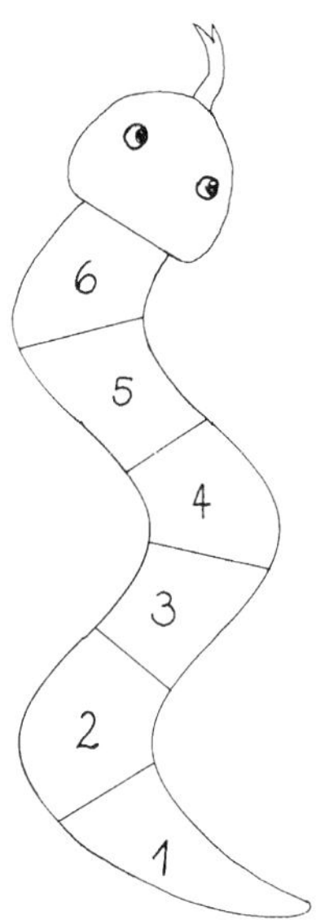

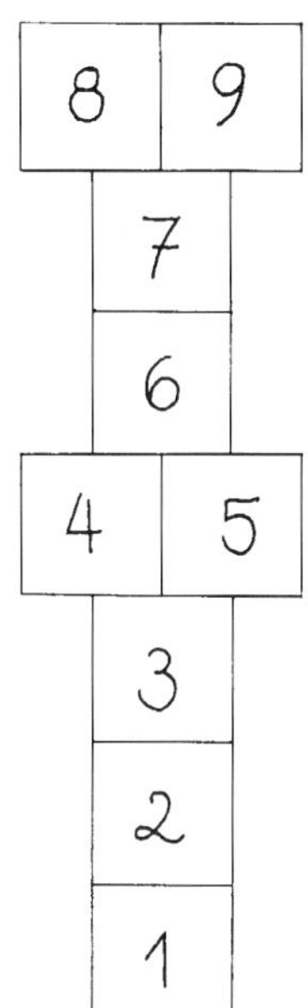

Hinkefuß

Herkunftsland:
Ungarn

Teilnehmer:
2 bis 5 Spieler

Alter:
ab 7 Jahre

Material:
- **Kreidestück**
- **1 Stein pro Spieler**

Ort:
draußen

Stockstemmen

u.a. SOS Kinderdorf Marseille

Stockstemmen

Herkunftsland:
Frankreich

Teilnehmer:
- **je 2 Spieler**
- **Schiedsrichter**

Alter:
ab 8 Jahre

Material:
Stock, etwa 1,5 m lang, 2-3 cm Durchmesser

Ort:
drinnen oder draußen

Für dieses Spiel benötigen wir einen stabilen Stock; das kann eine ausrangierte Gardinenstange aus Holz sein, oder es eignet sich genausogut ein alter Besen- oder Schrubberstiel.

Wir setzen uns Fußsohle an Fußsohle auf den Boden und umfassen den Stock so mit den Händen, daß sich zwischen den Fäusten jedes Spielers jeweils eine Faust seines Gegenübers befindet. Nun heben wir den Stock alle gemeinsam mit ausgestreckten Armen in Brusthöhe hoch. Dann beginnt jeder, ihn mit aller Kraft in seine Richtung zu ziehen, bis es einem von uns gelingt, den anderen aus seiner Sitzposition vom Boden hochzuzerren.

Eine andere Methode, um mit Hilfe eines Stockes unsere Kräfte zu messen, ist die folgende: Wir markieren auf dem Boden einen Kreis mit einem Durchmesser von zwei bis vier Metern und stellen uns in die Mitte. Dann halten wir den Stock waagrecht zwischen uns, etwa in Brusthöhe. Nun versucht jeder, den anderen über die Kreisgrenze zu schieben, indem wir mit aller Kraft drücken und stemmen.

Treten, Rempeln oder andere unfaire Handlungen sind verboten. Wen der Schiedsrichter dabei erwischt, der hat automatisch verloren.

Wenn wir wollen, können wir eine bestimmte Zeit vereinbaren, zum Beispiel eine Minute, innerhalb der einer den anderen besiegt haben muß. Andernfalls ist das Ergebnis unentschieden.

Bankoni y'inka

SOS Kinderdorf Gikongoro

„Bankoni y'inka" heißt übersetzt „Stock zum Kühehüten", und das im folgenden geschilderte Spiel war früher in Ruanda ein beliebter Zeitvertreib für die Kinder, die tagsüber auf das Vieh ihrer Eltern aufpassen mußten. Und es wird heute immer noch sehr gern gespielt, auch ohne den ursprünglichen Anlaß des Rinderhütens.

Wer keinen Stock in den angegebenen Maßen hat, der kann sich recht preiswert ein solches Rundholz in Bastelgeschäften oder Heimwerkermärkten besorgen.

Um zunächst einmal das Balancieren eines Stockes zu üben, stellen wir ihn auf eine Handfläche. Dann versuchen wir, ihn dort im Lot zu halten, ohne jedoch die andere Hand zu Hilfe zu nehmen, während wir im Kreis herumgehen. Sobald wir diese Grundübung einigermaßen gut beherrschen, können wir uns dem eigentlichen Spiel zuwenden.

Wir müssen den Stock zunächst auf die Spitze des ausgestreckten Zeigefingers stellen und ihn balancieren. Dann soll er über Mittel- und Ringfinger zum kleinen Finger und wieder zurück wandern, wiederum ohne Hilfe der freien Hand! Sieger und Verlierer im eigentlichen Sinne gibt es bei diesem Spiel nicht. Wenn wir aber wollen, dann können wir einen Wettlauf veranstalten: Wir markieren Start und Ziel einer Strecke. Dann stellen wir uns in einigem Abstand nebeneinander und balancieren vom Start zum Ziel die Stöcke auf unseren Zeigefingerspitzen. Fällt ein Stock herunter, so muß dieser Spieler wieder von vorn beginnen, und wer zuerst im Ziel ist, der hat natürlich gewonnen.

Bankoni y'inka

Herkunftsland:
Ruanda

Teilnehmer:
ab 2 Spieler

Alter:
ab 6 Jahre

Material:
1 Stock pro Spieler, etwa 1 m lang, 2 cm Durchmesser

Ort:
drinnen oder draußen

Gulli Danda

u.a. SOS Kinderdorf Faridabad/Delhi

Gulli Danda

Herkunftsland:
Indien

Teilnehmer:
6 bis 10 Spieler

Alter:
ab 8 Jahre

Material:
- **Schlagholz (etwa 60 cm lang)**
- **Wurfholz, 15-20 cm lang**
- **Messer**
- **kleine Schaufel**

Ort:
draußen

Der Name dieses Spiels, das bei uns Kindern in Indien sehr beliebt ist, leitet sich aus den beiden benötigten Hölzern ab: das Wurfholz heißt „Gulli", das Schlagholz „Danda".
Beim Schlagholz (60 Zentimeter lang) spielt der Durchmesser eine unerhebliche Rolle. Wichtig ist aber, daß es gut in der Hand liegt, nicht leicht splittert oder bricht und sich an einem Ende verjüngt. Das Wurfholz sollte genauso stabil sein, und seine beiden Enden müssen wir anspitzen.
Von der Anzahl der Teilnehmer hängt die Größe des Spielfelds ab. In dessen Mitte legen wir das Wurfmal an. Es ist eine Grube, die eine Tiefe von mindestens sechs Zentimetern, eine Länge von 15 und eine Breite von fünf bis zehn Zentimetern hat. Nachdem wir zwei gleich große Mannschaften gebildet und ausgelost haben, wer als erste die Rolle der Fangpartei übernimmt, verteilen sich die Spieler dieses Teams auf dem Spielfeld. Die Schlagpartei dagegen steht am Spielfeldrand und schickt jeweils nur einen Teilnehmer, den Schläger, aufs Feld.

Quer über das Mal legt der Spieler das Wurfholz und schleudert dieses mit dem Schlagholz in Richtung der gegnerischen Mannschaft. Dann legt er das Schlagholz quer über das Wurfmal. Die Fangpartei versucht nun, das Wurfholz aufzufangen, ehe es auf den Boden fällt. Gelingt das, setzt der jeweilige Schläger aus, und wird vom nächsten Spieler seines Teams abgelöst. Das geht so lange weiter, bis alle einmal an der Reihe waren. Dann tauschen die Parteien die Rollen.
Fällt das Wurfholz jedoch zu Boden, geht das Spiel in seine zweite Phase: derjenige Teilnehmer der Fangpartei, der dem Wurfholz am nächsten steht, geht dorthin, nimmt es auf und wirft es auf das quer über dem Wurfmal liegende Schlagholz. Trifft er es, so darf der Schläger nicht weiterspielen, und er wird von einem Mannschaftskameraden abgelöst. Dieser legt das Wurfholz nun wieder über das Mal und schleudert es hoch.
Wirft der Teilnehmer der Fangpartei jedoch daneben, erhält der Schläger die Chance, Punkte für sein Team zu

sammeln, und zwar so: Der Schläger – er hat im folgenden drei Versuche – begibt sich mit dem Schlagholz zu der Stelle, an der das Wurfholz liegt. Dessen einem Ende muß er einen kräftigen Schlag versetzen, um es in die Höhe zu schleudern. Anschließend muß er es dann mit einem zweiten Schlag Volley treffen – also direkt aus der Luft – um es so weit wie möglich über den Platz zu treiben.

Gelingt es nun einem Teilnehmer der Fangpartei, das Wurfholz aufzufangen, war die ganze Mühe des Schlägers umsonst: Er darf nämlich nicht weiterspielen und muß einen nächsten Mitspieler an die Reihe lassen. Fällt das Wurfholz jedoch zu Boden, gibt es für die Schlagpartei eventuell eine Menge Punkte. Die Anzahl hängt davon ab, wie oft sich das nun als Meßlatte dienende Schlagholz zwischen dem Wurfmal und dem Aufprallort des Wurfholzes auf den Boden legen läßt: eine Schlagholzlänge ergibt einen Punkt.

Sieger wird die Mannschaft, die die meisten Punkte gesammelt hat, nachdem alle Spieler beider Teams einmal als Schläger an der Reihe waren.

Luziga

SOS Kinderdorf Bukavu

Luziga

Herkunftsland:
Zaire

Teilnehmer:
ab 2 Spieler

Alter:
ab 9 Jahre

Material:
- **Reifen, 20-40 cm Durchmesser, aus Holz, Metall- oder Kunststoff**
- **Speer, 1,5 - 2 m lang**
- **Kreidestück (Stöckchen)**

Ort:
draußen

Für dieses Spiel benötigen wir zwei Dinge, nämlich einen Reifen sowie einen Speer. Den Reifen – eben das bedeutet „Luziga" – flechten wir Kinder in Zaire aus den Stengeln bestimmter Kriech- und Kletterpflanzenarten selbst. Da andere Kinder damit aber sowohl in Hinsicht auf das Material als auch auf das Flechten Schwierigkeiten haben dürften, lassen sich andere Materialien verwenden, zum Beispiel alte Faßreifen oder Holz-, Peddigrohr- oder Kunststoffreifen, wie es sie in verschiedenen Größen im Handel zu kaufen gibt.

Den Speer dagegen kann man mit einem Taschenmesser aus einem Haselnuß- oder Eschenstock schnitzen. Dabei gilt es zu beachten, daß er möglichst gerade sein sollte und das vordere Ende gut zugespitzt sein muß.

Da das Spiel sehr viel Geschicklichkeit erfordert und wir aufpassen müssen, daß niemand sich verletzen kann, soll unbedingt ein Erwachsener als Hilfsperson dabei sein.

Jetzt markieren wir die Abwurflinie, und in fünf bis zehn Metern Entfernung die Rollinie für den Reifen.

Der Wettkampf besteht darin, auf den Reifen zu werfen, den ein anderer Teilnehmer so schwungvoll wie möglich wirft, damit er auf der markierten Linie entlangrollt. Gelingt es dem Spieler, mit einem gezielten Speerwurf durch die Mitte des Reifens zu treffen und diesen damit zum Stillstand zu bringen, erhält er einen Punkt, und er hat einen zweiten Versuch. Es spielt übrigens keine Rolle, ob der Speer flach auf dem Boden liegen- oder in der Erde steckenbleibt. Wenn der Spieler es nach zwei Versuchen nicht geschafft hat, kommt der nächste Teilnehmer an die Reihe. Sieger ist derjenige, der als erster zehn Punkte erreicht.

Bereni-Bereni

SOS Kinderdorf Bamako

Bereni-Bereni wird bei uns in Mali ausschließlich von Mädchen gespielt. Wir werfen einen Stock reihum hin und her und müssen ihn auffangen. Das geschieht im Rhythmus des Liedes „Bereni-Bereni", das übersetzt „Stöckchen-Stöckchen" bedeutet.

Bereni-Bereni
Tie togofo bereni
Bereni mana bin min bolo
Tie togofo bereni
O ka a tie togofo.

Deutschsprachige Kinder könnten zu der Melodie von „Taler, Taler, du mußt wandern" den folgenden Text singen:

Stöckchen, Stöckchen,
du mußt wandern,
von der einen Hand zur anderen.
Das ist hübsch, das ist schön,
Stöckchen darf nicht stillestehn.

Und nun zum Spielablauf: Nachdem wir ausgelost haben, wer als erste die Rolle der Spielleiterin übernimmt, erhält diese den Stock. Wir anderen stellen uns um sie herum im Kreis auf. Die Spielleiterin beginnt nun zu singen und wirft am Ende der ersten Liedzeile den Stock einer der Spielerinnen zu. Sobald diese ihn aufgefangen hat, singt sie die zweite Zeile und wirft danach den Stock zur Spielleiterin zurück. Diese singt nun die dritte Zeile und wirft den Stock zur nächsten Spielerin und so weiter.

Wer den Stock fallenläßt oder seinen Einsatz verpaßt, darf nicht weiterspielen. Das Lied wird so oft wiederholt, bis schließlich nur noch eine Teilnehmerin übrig ist. Diese übernimmt dann in der nächsten Runde die Rolle der Spielleiterin.

Bereni-Bereni

Herkunftsland:
Mali

Teilnehmer:
ab 7 Spieler

Alter:
ab 6 Jahre

Material:
Besenstiel

Ort:
draußen

Klatschlied

SOS Kinderdorf Freetown

Klatschlied

Herkunftsland:
Sierra Leone

Teilnehmer:
10 bis 12 Spieler

Alter:
ab 6 Jahre

Material:
keins

Ort:
drinnen oder draußen

Bei Singspielen wie dem folgenden haben wir alle viel Spaß, und je mehr Teilnehmer wir sind, um so lustiger wird es.

Wir bilden einen Kreis, in dessen Mitte der von uns gewählte Spielleiter steht. Nun singen wir ein einfaches Lied mit einem klaren Rhythmus zum Mitklatschen. Der Spielleiter geht zu einem Kind und zeigt diesem mit einem an die Lippen gelegten Zeigefinger, nun nicht mehr zu singen und zu klatschen, sondern die Haltung einzunehmen, die er vormacht: zum Beispiel auf einem Bein stehen, die Hände auf den Kopf oder auf den Rücken legen, die Beine kreuzen oder die Hände falten und so weiter. Dann geht er zum nächsten Kind, zum übernächsten, zum überübernächsten und so weiter, bis alle aufgehört haben zu singen und zu klatschen und alles ganz still ist.

Sobald der Spielleiter „stopp" ruft, dürfen wir uns bewegen. Das Spiel kann mit einem anderen Spielleiter und mit neuen „Verrenkungen" beginnen.

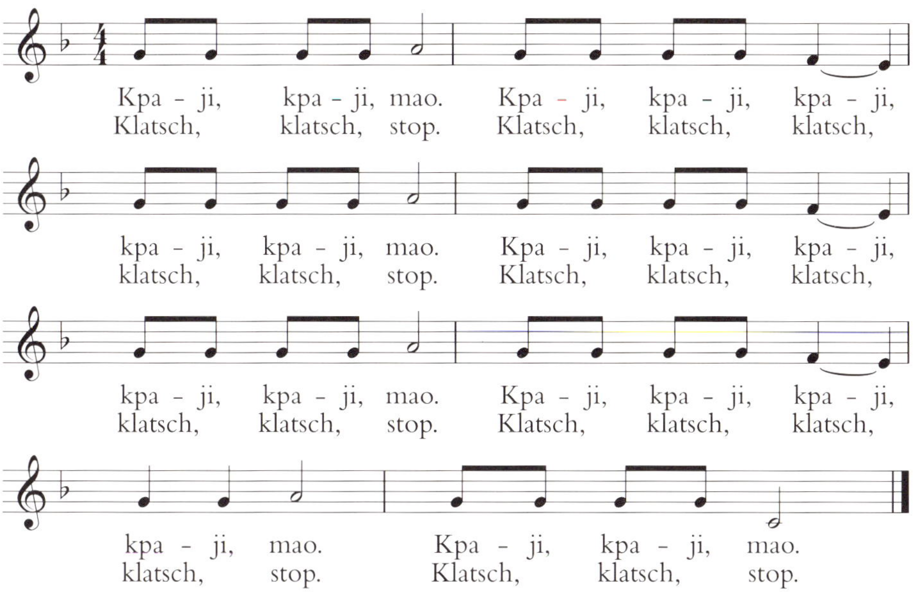

Bei dieser Spielart des Klatschlieds gehen wir im Kreis um den Spielleiter herum und begleiten es mit unserem Singsang, zu dem wir an den entsprechenden Textstellen klatschen oder auch nicht. Wer beim „Stopp" trotzdem klatscht, setzt aus. Wir spielen so lange weiter, bis nur noch ein Teilnehmer übrig ist.
Um das Ganze schwieriger zu gestalten, beginnen wir langsam, gehen und klatschen dann immer schneller. Bei „Stopp" müssen wir beim ersten Mal die Hände hochwerfen, sie beim zweiten Mal in die Hüften stemmen, beim dritten Schwimmbewegungen machen, und beim vierten legen wir sie dem Vordermann auf die Schultern. Beim fünften Mal strecken wir zuerst die linke, dann die rechte Hand hoch und rufen dabei „sto-hopp".

Brüderchen, komm, tanz mit mir

SOS Kinderdorf Seekirchen

Brüderchen, komm, tanz mit mir

Herkunftsland:
Österreich

Teilnehmer:
ab 8 Spieler

Alter:
4 bis 6 Jahre

Material:
keins

Ort:
drinnen oder draußen

Dieses Singspiel sollten wir erst einmal in seiner einfachsten Form darstellen, indem wir die erste Strophe dazu tanzen.
Wir stellen uns jetzt entweder in zwei Reihen oder in einem Kreis auf, so daß sich immer ein Junge und ein Mädchen gegenüberstehen.

Auf den Einsatz des Spielleiters hin beginnen wir mit der ersten Strophe und begleiten den Text mit den folgenden Bewegungen:
Beim ersten Takt verbeugen sich die Jungen.
Beim zweiten machen die Mädchen einen Knicks.
Beim dritten und vierten reichen sie einander die Hände.
Beim fünften und sechsten geht oder hüpft jedes Paar zuerst drei Schritte nach rechts, und dann ebensoviele nach links.
Bei den letzten beiden Takten drehen sich alle Paare am Platz im Kreis herum.
Wenn wir das ein paarmal geübt haben, können wir uns nach und nach an die anderen Strophen des Liedes heranwagen.

1. Brüderchen, komm, tanz mit mir,
Mädchen: Knicks; Jungen: Verbeugung

beide Hände reich' ich dir,
Hände reichen

einmal hin, einmal her,
drei Schritte links, drei rechts

rundherum, das ist nicht schwer.
sich im Kreis drehen

2. Mit den Händchen klipp, klipp, klapp,
gegeneinander klatschen

mit den Füßen tripp, tripp, trapp,
rechts und links stampfen

einmal hin, einmal her,
drei Schritte links, drei rechts

rundherum, das ist nicht schwer.
sich im Kreis drehen

3. Mit den Köpfchen, nick, nick, nick,
mit dem Kopf nicken

mit den Fingerchen tick, tick, tick,
beide Zeigefinger „tippen"

einmal hin, einmal her,
drei Schritte links, drei rechts

rundherum, das ist nicht schwer.
sich im Kreis drehen

4. Ei, das hast du gut gemacht,
Beifall klatschen

ei, das hätt ich nicht gedacht.
Beifall klatschen

Einmal hin, einmal her,
drei Schritte links, drei rechts

rundherum, das ist nicht schwer.
sich im Kreis drehen

5. Noch einmal das schöne Spiel,
Jungen: Verbeugung, Mädchen: Knicks

weil es mir so gut gefiel,
Hände reichen

einmal hin, einmal her,
drei Schritte links, drei rechts

rundherum, das ist nicht schwer.
sich im Kreis drehen

Text und Melodie:
Engelbert
Humperdinck

Birne oder Apfel

u.a. SOS Kinderdorf Juiz de Fora

Birne oder Apfel

Herkunftsland:
Brasilien

Teilnehmer:
ab 10 Spieler

Alter:
ab 5 Jahre

Material:
keins

Ort:
drinnen oder draußen

Dieses Spiel ist nahezu auf der ganzen Welt verbreitet und unter so unterschiedlichen Namen bekannt wie „Zieh vorbei, mein Schifflein" in Bolivien oder „Kaufleute, öffnet das Tor" in der Türkei oder auch „Die Steinbrücke" in Rumänien.

Allein in Deutschland gibt es etwa ein Dutzend verschiedener Texte und Melodien, von denen hier „Die goldene Brücke" abgedruckt ist. Jetzt aber zunächst zu „Birne oder Apfel". Nachdem wir ausgelost haben, welche beiden Spieler als erste die Rollen „Apfel" und „Birne" übernehmen, vereinbaren die beiden Kinder heimlich, wer welche Frucht sein soll. Dann stellen sie sich gegenüber auf, fassen einander an den Händen und heben die Arme in die Höhe. Wir anderen Teilnehmer ziehen unter dem so gebildeten Brückenbogen hindurch und singen fortwährend „Apfel, Birne, Apfel, Birne...".

Beim jeweils letzten Kind in der Reihe lassen die Brückenspieler die Arme sinken, so daß es von ihnen eingeschlossen ist. Dann fragen sie flüsternd, ob das Kind Apfel oder Birne sein will. Nachdem es seine Ant-

Text und Melodie: Volksgut

wort gewispert hat, koppelt es sich dementsprechend links oder rechts an die Brücke an. Das Spiel geht solange weiter, bis wir alle an den Brückenpfeilern stehen. Sieger ist die Gruppe mit den meisten Mitgliedern.

Spielregeln aus anderen Ländern

Während die Kinder in Bolivien unter der Brücke hindurchziehen, singen sie ein Lied, das übersetzt so lautet: „Zieh vorbei, mein Schiffelein, der letzte will gefangen sein." Die Brückenspieler senken die Arme nicht über dem jeweils letzten Kind in der Reihe, sondern über demjenigen, der bei dem letzten Wort des Liedes unter ihren Armen steht. Das ist auch die Spielregel für das Lied aus Deutschland „Die goldene Brücke".
Manche Kinder gestalten das Ende des Spiels etwas „wilder", als es bei „Birne oder Apfel" beschrieben wurde. Zunächst wird eine Trennlinie zwischen beiden Parteien gezogen. Um den Sieger zu ermitteln, fassen sich die Mitglieder jeder Gruppe einander an den Hüften an und die beiden Brückenspieler an den Händen. Dann versucht jede Mannschaft, die andere über die Trennlinie zu ziehen. Wer das schafft, hat gewonnen.

Fünf kleine Teddybären

SOS Kinderdorf Banjul

Fünf kleine Teddybären

Herkunftsland:
Gambia

Teilnehmer:
5 Spieler

Alter:
3 bis 6 Jahre

Material:
keins

Ort:
drinnen oder draußen

2. Vier kleine Teddybären... noch drei.

3. Drei kleine Teddybären... noch zwei.

4. Zwei kleine Teddybären... und der ist allcin.

5. Ein kleiner Teddybär, der sitzt jetzt hier allein 'rum,
fällt nun auch er noch um, dann ist er allerdings dumm.

6. Ein kleiner Teddybär, der steht nun wieder auf,
er tippt 'nen andren Teddy an, und der steht jetzt auf.

7. Der zweite kleine Teddybär, der schaut sich jetzt um,
er tippt 'nen anderen Teddy an, und der steht jetzt auf.

8. Der dritte kleine Teddybär...
er tippt 'nen anderen Teddy an, und der steht jetzt auf.

9. Der vierte kleine Teddybär...,
er tippt den letzten Teddy an, und der steht jetzt auf.

10. Die fünf kleinen Teddybären sind nun ganz erfreut,
jetzt fassen sie sich alle an und hüpfen herum.

Dieses einfache Singspiel eignet sich vor allem für Teilnehmer im Kindergartenalter.
Wir setzen uns zu fünft im Kreis oder Halbkreis zusammen und singen gemeinsam das Lied von den fünf kleinen Teddybären. Am Ende jeder der fünf Strophen läßt sich jeweils ein Spieler sacht nach hinten kippen, und das wird so lange fortgeführt, bis alle Teilnehmer auf dem Boden liegen. Nun steht ein Spieler auf, tippt einen anderen an, der steht ebenfalls auf. Das führen wir so lange fort, bis das fünfte Kind steht. Dann hüpfen wir alle herum.
Wenn wir das Ganze etwas abwechslungsreicher gestalten wollen, bietet es sich an, das Wort „sitzen" ab der zweiten Strophe zu ersetzen, etwa durch „kichern", in der dritten durch „hopsen", in der vierten durch „balgen (sich)", und in der fünften durch „tanzen". Dementsprechend schauspielern wir dann.
Natürlich können wir unser Lied auch mit mehr als fünf Teilnehmern spielen. Dann sind wir eben acht, zehn oder zwölf Teddys.

Text:
Andreas Vollstaedt
Melodie: Volksweise

Hexen, Kobolde und Vampire

SOS Kinderdorf Lagos

Hexen, Kobolde und Vampire

Herkunftsland:
Nigeria

Teilnehmer:
12 Spieler

Alter:
5 bis 10 Jahre

Material:
- **4 Besen**
- **4 Zipfelmützen**
- **4 Umhänge (Handtücher)**

Ort:
drinnen oder draußen

Die Kinder in Nigeria stellen bei diesem Singspiel Dieb, Soldaten und Verrückte dar. Die Ideen wurden hier auf Fabelwesen umgeschrieben.
Das Spiel läuft folgendermaßen ab. Zunächst entscheiden wir uns, wer von uns jeweils zu viert die Hexen, die Kobolde und die Vampire darstellt. Dann legt sich jede Gruppe die jeweiligen Materialien zurecht: Besen für die Hexen, Zipfelmützen für die Kobolde und Umhänge für die Vampire. Während jeweils die beiden Gruppen, die nicht schauspielern, den Text im Sprechgesang intonieren, stellen ihn die vier Kinder so dar, daß sie möglichst alle Bewegungen zur selben Zeit ausführen.
Sobald die erste Gruppe ihre Darbietung beendet hat, sind die Teilnehmer der zweiten an der Reihe. Danach beginnt das dritte Team. Wenn wir mögen, dann können wir anschließend die Rollen tauschen, denn alle drei machen viel Spaß.

Die Hexen

Hexen schlüpfen im Morgengrauen
Besen in beide Hände nehmen

durch den Schornstein in ihr Haus,
sich durch eine Öffnung zwängen

rühren erst im Zauberkessel
mit Besen in der Luft rühren

und schlafen sich dann tüchtig aus.
auf den Stiel gelehnt, Augen schließen.

Doch sobald der Mond scheint,
Besen zwischen Beine klemmen

fliegen sie durch die Nacht,
vorwärts und rückwärts hüpfen

lassen Wirbelwinde brausen
Besen durch die Luft wirbeln, dabei kreischen

und erfüll'n die Welt mit Grausen,
bis der neue Tag erwacht.
ruhig werden, Besen hinlegen

Die Kobolde

Kobolde gibt's ganz verschied'ne:
Zipfelmütze aufsetzen...

Manche werkeln voller Fleiß,
Handwerkerbewegungen

andere machen nichts als Unfug
Grimassen schneiden, herumtollen

und sind keck und naseweis.
lange Nase machen.

Manche kichern gern und lachen...
Hand vor Mund führen oder lachen

...sich aus Schadenfreude krumm;
auf Schenkel klatschen

andere werfen gern mit Sachen
Zipfelmütze auf den Boden werfen

und trampeln unter lautem Krachen
dann auch noch darauf herum.
darauf herumstampfen

Die Vampire
Vampire vertragen keine Sonne;
Umhang über den Kopf

drum schlafen sie im Moderduft
auf den Boden legen

und kommen erst zu später Stunde,
wenns dunkel wird, aus ihrer Gruft.
langsam aufstehen; das Gesicht enthüllen.

Dann huschen sie auf leisen Sohlen
Umhang um die Schultern

unbemerkt von Haus zu Haus,
gehen auf Zehenspitzen zu den anderen Kindern

gehen heimlich und verstohlen
erhobene Arme; aufgerissener Mund

sich irgendwo ein Opfer holen
zwischen den Kindern umherhuschen

und saugen es genüßlich aus.
Umhang um ein „Opfer" werfen

Die Texte und die jeweiligen Anleitungen sind als Einstimmungen gedacht. Viel lustiger ist es natürlich, wenn wir selbst etwas erfinden und uns eigene Rollen ausdenken, wie Piraten, Feen oder Raumfahrer.

Die SOS-Kinderdörfer –

Es gibt einen Namen, den sehr viele Menschen auf der Welt kennen, weil er zum Vater von vielen tausend Kindern wurde: Der Name dieses Mannes ist Hermann Gmeiner, er lebte von 1919-1986.
Sein größter und einziger Wunsch war es, so vielen Kindern in Not wie nur möglich zu helfen. Was hat Hermann Gmeiner gemacht? Er baute SOS-Kinderdörfer, zuerst in seinem Heimatland, in Österreich, und später in aller Welt.
Was versteht man unter einem SOS-Kinderdorf? Wann wurde das erste gebaut? Angefangen hat alles so:

Das erste SOS-Kinderdorf entsteht

In der Zeit nach dem Zweiten Weltkrieg herrschte große Not. Viele Menschen hatten nur wenig zu essen. Kinder, die ihre Eltern verloren hatten, mußten auf der Straße leben und hatten weder ein Dach über dem Kopf noch einen Menschen, der für sie sorgte. Kannst du dir das vorstellen?
In dieser Zeit lebte ein junger Mann, Hermann Gmeiner, der damals Medizin studierte. Die Not der vielen Waisenkinder ging ihm so zu Herzen, daß er beschloß, etwas dagegen zu unternehmen. Hermann Gmeiner sah, was diese verlassenen Kinder am meisten vermißten: Einen Menschen, der für sie sorgte, der immer für sie da war, egal, was geschieht. Hermann Gmeiner wollte diesen Kindern eine Mutter geben, und er fand alleinstehende Frauen, die wie eine Mutter für Waisenkinder sorgen wollten. Geschwister sollten auf keinen Fall getrennt werden, sondern zusammenbleiben. Die Mutter mit „ihren" Kindern sollte in einem Haus leben.
Mehrere Familienhäuser zusammengefaßt würden ein ganz besonderes Dorf sein, ein SOS-Kinderdorf. Genau dieser Idee entsprechend errichtete Hermann Gmeiner im Jahre 1949 in Imst in Tirol (Österreich) das erste SOS-Kinderdorf der Welt.

SOS-Kinderdörfer in aller Welt

In allen Ländern der Erde gibt es Kinder, deren Eltern gestorben sind oder sich nicht mehr um sie kümmern können. Hermann Gmeiner wollte möglichst vielen Kindern, die kein Zuhause hatten, helfen. Es gelang ihm, nach dem Vorbild des ersten SOS-Kinderdorfes in Imst, auch in anderen Ländern SOS-Kinderdörfer aufzubauen. Zuerst in Deutschland, wenig später in Frankreich, dann auch in Finnland und in Portugal. So wie ein Stein, der weite Kreise zieht, wenn man ihn ins Wasser wirft, breitete sich auch die SOS-Kinderdorf-Idee aus: Im Jahre 1963 – seit der Eröffnung des ersten SOS-Kinderdorfes waren also nur 14 Jahre vergangen – entstand das erste SOS-Kinderdorf in Korea (Asien). 1967 wurde ein SOS-Kinderdorf in Südamerika und 1970 eines in Afrika errichtet.

Die begleitenden SOS-Einrichtungen

Für jedes Kind ist es wichtig, eine Schule zu besuchen und später einen Beruf zu erlernen. Dazu benötigt man zusätzlich zu den SOS-Kinderdörfern noch andere SOS-Einrichtungen.
Es entstanden SOS-Kindergärten, SOS-Hermann-Gmeiner-Schulen und SOS-Ausbildungs- und Produktionszentren. Hier können SOS-Jugendliche ein Handwerk, wie zum Beispiel Tischlern oder Schneidern, erlernen.
Meist ist dem SOS-Ausbildungszentrum eine Werkstätte angeschlossen. Mit etwa 15 Jahren, wenn die SOS-Kinder eine Berufsausbildung beginnen oder beim Eintritt in eine höhere Schule, übersiedeln sie vom SOS-Kinderdorf in eine SOS-Jugendwohngemeinschaft. Dort wer-

den die Jugendlichen von pädagogisch geschulten Fachkräften betreut, organisieren jedoch ihren Haushalt selbständig, das heißt, sie verwalten ihr Geld selbst und kümmern sich um das Kochen und um das Putzen in ihrer Wohnung. So werden sie auf ein Leben in Selbständigkeit vorbereitet. Es gibt auch SOS-Hermann-Gmeiner medizinische Zentren, unter anderem mit Kinderkliniken und Zahnambulanzen.

Diese SOS-Einrichtungen stehen auch für andere Menschen offen. Besonders in armen Ländern ist es oft so, daß die SOS-Hermann-Gmeiner-Schule die einzige Schule im gesamten Umkreis ist oder die SOS-Klinik die einzige Stelle, wo die Menschen ärztliche Hilfe und/oder Medikamente bekommen können. All diese zusätzlichen Einrichtungen nennt man „begleitende SOS-Einrichtungen".

SOS leistet auch Katastrophenhilfe: Bei Erdbeben, Überschwemmungen oder bei anderen Katastrophen bietet SOS spezielle Nothilfeprogramme an, zum Beispiel Ausspeisungszentren oder Notunterkünfte. SOS ist dort zur Stelle, wo Kindern so schnell wie möglich geholfen werden muß.

SOS heute

SOS-Kinderdörfer gibt es auf der ganzen Welt Das Besondere an ihnen ist, daß jedes Kind so aufwächst, wie es der Tradition und Kultur seines Heimatlandes entspricht.

Manchmal kommt es vor, daß in einem SOS-Kinderdorf unterschiedliche Kulturen zusammentreffen und Kinder verschiedener Hautfarbe fröhlich miteinander spielen.

Feste werden in einem SOS-Kinderdorf immer gemeinsam gefeiert. An einer Weihnachtsfeier zum Beispiel nehmen auch Moslems teil. Dafür wird das Al-Fitr-Fest (das ist das Ende des moslemischen Fastenmonats Ramadan) auch von Kindern christlichen Glaubens besucht. Kannst du dir die Freude der Kinder eines afrikanischen SOS-Kinderdorfes vorstellen, als sie Besuch vom Weihnachtsmann erhielten, den sie zuvor noch nie gesehen hatten?

Ein anderes Beispiel für ein verständnisvolles Zusammenleben ist Indien, wo in einigen SOS-Kinderdörfern Hindus, Moslems und Christen gemeinsam aufwachsen. Wenn ein Moslem bei Sonnenuntergang auf seinem Gebetsteppich kniet, um sein Abendgebet zu verrichten, so käme niemand auf die Idee, ihn deshalb auszulachen. Durch gemeinsame Mahlzeiten, Spiele und Feste entstehen Brücken zwischen den Menschen, die in einem SOS-Kinderdorf leben.

In einem SOS-Kinderdorf erleben die Kinder, daß alle Menschen – unabhängig davon, welche Hautfarbe sie haben – Brüder und Schwestern sind.

Heute können wir sagen, daß die SOS-Kinderdorf-Idee um die ganze Welt gegangen ist. Aus der Initiative Hermann Gmeiners, ein Dorf für verlassene Kinder zu bauen, entstand das größte private Hilfswerk der Erde.

Stell dir vor: Heute zählen wir in 124 verschiedenen Ländern dieser Erde 326 SOS-Kinderdörfer und 937 begleitende SOS-Einrichtungen, das sind insgesamt 1263 SOS-Einrichtungen!

Mit der Unterstützung von mehr als 6 Millionen SOS-Freunden und über 100000 Paten werden immer neue SOS-Kinderdörfer gebaut.

Heute gibt es sehr viele Menschen, die das Werk Hermann Gmeiners fortsetzen. Das ist gut so, denn: SOS-Kinderdörfer sind Friedensdörfer. Wie du vielleicht weißt, heißt das erste Familienhaus des ersten SOS-Kinderdorfes „Haus Frieden". Und die Welt braucht den Frieden, sie braucht ihn mehr als alles andere.

Wußtest du, daß...

...es auf der ganzen Welt ca. 190 Länder gibt? SOS-Kinderdörfer und SOS-Einrichtungen findest du in 124 Ländern, das sind zwei Drittel aller Länder dieser Erde!

...das höchstgelegene SOS-Kinderdorf auf 3650 Meter Höhe in La Paz/Bolivien liegt?

...das SOS-Kinderdorf San Juan Sacatepequez in Guatemala ausschließlich von Indios, Nachkommen der Mayas, bewohnt wird?

...sich das größte SOS-Kinderdorf der Welt in Dharamsala, Indien, befindet? Es umfaßt 32 Familienhäuser, zwei SOS-Hermann-Gmeiner-Schulen und zwei SOS-Jugendwohngemeinschaften, insgesamt werden hier über 2500 Kinder betreut. In Dharamsala leben ausschließlich Kinder, die aus dem Nachbarland Tibet flüchten mußten.

...das südlichste SOS-Kinderdorf in Puerto Varas / Chile rund 1000 km südlicher liegt als der südlichste Punkt Afrikas? Das nördlichste SOS-Kinderdorf befindet sich in Ylintornio in Finnland auf gleicher Höhe mit dem nördlichsten Punkt Islands.

...weltweit 28000 Kinder in einem SOS-Kinderdorf leben? Würden sich diese Kinder die Hand reichen, so ergäbe das eine über 33 km lange Menschenkette. 33 km sind eine lange Strecke – um diesen Weg mit dem Fahrrad zurückzulegen, würdest du mindestens zwei Stunden brauchen!

...es weltweit rund 154000 Kinder und Jugendliche sind, die in SOS-Einrichtungen betreut werden? Würden alle diese Kinder und Jugendlichen auf die Schultern des anderen steigen, so wäre diese „Kinderpyramide“ 184000 m hoch – das ist dreißig mal höher als der Kilimandscharo, einer der höchsten Berge der Welt!

...ein Obstgarten, in dem ein kleiner Obstbaum für jedes SOS-Kinderdorfkind und für jeden SOS-Jugendlichen gepflanzt wird, so groß wäre wie 200 Fußballfelder zusammen?

... eine mittlere Schuhfabrik rund einen Monat brauchen würde, um ein Paar neue Schuhe für alle SOS-Kinder und SOS-Jugendliche herzustellen?

...es weltweit 3500 SOS-Mütter gibt? Angenommen, jede SOS-Mutter würde zum Muttertag eine Rose geschenkt bekommen: Diese „Muttertagsrosen für alle Mütter würden sechs Regentonnen füllen! Würde jede SOS-Mutter einen Kuchen backen, so könnte man eine Riesengeburtstagsparty mit 42000 Stück Kuchen feiern!

Länderregister

Im FALKEN Verlag sind zahlreiche Titel zum Thema „Spielen mit Kindern" erschienen. Fragen Sie Ihren Buchhändler.

ISBN 3 8068 4783 5

Umschlaggestaltung: Peter Udo Pinzer
Gestaltungskonzeption: Horst Bachmann
Übersetzung und Bearbeitung: Andreas Vollstaedt und B. Teele
Redaktion: Marion Schulz
Herstellung: Rex Verlagsproduktion, München
Titelbild und Zeichnungen: Anke Lintz, Ingelheim
Fotos und Kinderzeichnungen: SOS-KINDERDORF INTERNATIONAL, Innsbruck

Satz: Rex Verlagsproduktion, München
Druck: Appl, Wemding

817 2635 4453 62

Adressen der SOS-Fördervereine

SOS-Kinderdorf e.V.
Öffentlichkeitsarbeit
Renatastraße 77
D-80639 München
Tel. 089 / 12 60 60
Fax 089 / 12 60 64 04

Hermann-Gmeiner-Fonds
Deutschland e.V.
Verein zur Förderung der
SOS-Kinderdörfer in aller Welt
Pressereferat
Menzinger Straße 23
D-80638 München
Tel. 089 / 17 91 40
Fax 089 / 17 91 41 00

SOS-Kinderdorf
Hauptgeschäftsführung
Stafflerstraße 10a
A-6020 Innsbruck
Österreich
Tel. 0512 / 59 18-0
Fax 0512 / 58 00 01

SOS-KINDERDORF INTERNATIONAL
Hermann-Gmeiner-Straße 51
A-6021 Innsbruck
Österreich
Tel. 0512 / 3310-0
Fax 0512 / 3310-88

Schweizer Freunde der SOS-Kinderdörfer
Viktoriastraße 34
CH-3084 Wabern
Schweiz
Tel. 031 / 961 30 31
Fax 031 / 961 56 22